未来の図書館 研究所 調査・研究レポート 2022（第6号）

図書館と
コミュニティアセット

未来の図書館 研究所

樹村房（発売）

2023

Library and Community Asset

The libraries of the future research, Inc. Annual Report. 2022 (Vol.6)

The libraries of the future research, Inc.

Distributed by Jusonbo

Tokyo, 2023

はじめに

　3月16日の東京新聞に，音楽家坂本龍一さんが「目の前の経済的利益のために先人が100年をかけて守り育ててきた貴重な神宮の樹々を犠牲にすべきではありません」と直截な表現で，小池都知事らに明治神宮外苑再開発の見直しを求めたという記事が出ていた。すでに，この事業は東京都の「東京2020大会後の神宮外苑地区のまちづくり指針」に基づくものとして，2月16日には施工許可が出され，ウェブサイトには3月に着工と報知されていた。この要望に都知事は記者会見で「事業者にも手紙を送られたほうが良いのでは」と言及し（『東京新聞』2023-03-18），民間事業の問題だとして，都は当事者ではないかのような口ぶりだった。

　神宮外苑は，種々のスポーツ施設や，聖徳記念絵画館，イチョウ並木などの文化財・自然景観を抱えている。それらを適切に更新・保全し，どのようなまちづくりをしていくかは，たとえ民有地だとしても，多くの人々にとって重大であり，坂本さんは「特に地権者である明治神宮にはぜひとも計画をご再考いただきたい。が，それ以前に都市計画のビジョンのもとに各地の開発の是非が判断される必要がある」とその後も訴え続けた（『共同通信』2023-03-29）。

　コミュニティのビジョンやその合意を図るプロセスにおけるこのような議論のきしみは，よく耳にする。わたくしたちの関わる公共図書館でも，昨今同様である。以前は，文化施設と

しての問題であったが，人々の利便性，あるいは図書館の集客効果を踏まえ，まちづくりの拠点に据えるなど，その論点は拡大され，複合的だ。記録された資料を基盤としてコミュニティを育むという図書館の本来的な役割からみれば，このような進展は，実は望ましいともいえる。ただし，わが国では私権が絡む場合，コミュニティの合意を経るのは難しいともいわれ，この種の事案をうまく収束させるには，時間をかけ，積極的に議論をしていかなければいけないだろう。

　図書館の活動をよりコミュニティの文脈で考えるために，あるいはきしむ議論をできるならば落ち着かせるべく，昨年 11 月に開催した未来の図書館研究所の第 7 回シンポジウムでは，「図書館とコミュニティアセット」というテーマを設定した。アセットとカタカナ語を用いたのは，会計用語「資産」の範囲にとどまらず，また地域資料だけに限らず，広くコミュニティに価値をもたらすものすべてを視野に入れたいと考えたからである。コミュニティを構成する人々がまずアセットであり，またそこに存在する自然・人工環境や，営まれている社会・経済・文化活動などもそうだ。むろん地域の図書館や博物館，あるいは学校などの各種の社会機関は，従来からその象徴である。さまざまなアセットを図書館がとりこみ，あるいはつながり，コミュニティをよりよいものにするための多くの議論が必要である。

本書には，このシンポジウムの内容を収録し，それに四つの論考を収載した。多様な議論が展開されているが，どれもコミュニティアセットにこだわったものである。

　シンポジウムの部分は，主催者趣旨説明のあと，二つの発表とその後，参加者を含めたディスカッションである。最初の発表は，都城市立図書館の井上康志さんと藤山由香利さんの「地域の情報とは〜図書館とコミュニティアセット〜」と題するお話で，図書館の市民による市民のための「プロジェクトスタジオ」が一枚の絵地図をきっかけに「思い出集め」の活動の場となり，「まちなか記憶展」に発展し，そして未来につながる図書館実践の方向を示唆している。
　二つ目の発表は，国立歴史民俗博物館の後藤真さんによる「コミュニティアセットとしての歴史・文化，そしてデジタル」である。与論島における古写真アーカイビング・プロジェクトの事例から，資料（情報）が持つ社会的な価値・意味を読み取り，そうした可視化された情報（知）をデジタル技術により構造化し，広く人々が利用できるようにすれば，知を増やしていくことができると唱える。図書館・博物館は，知の収集をするだけではなく，それを社会で循環させ，知の増殖を行うものなのである。
　シンポジウム以外の論考は，まずは，豊中市立岡町図書館の青木みどりさんの「『地域の記憶を　地域の記録へ』地域住民と歩む北摂アーカイブスの取組み」である。大阪北部の豊中市，箕面市，吹田市の写真データベースが，どのように構築され，

維持されているかを述べる。地域の人々（地域フォトエディター）を主体に，生活やまちに密着したさまざまな思いや日々の営みを記録するこの事業は，すでに13年も続けられており，貴重なコミュニティアセットとなっている。

　コミュニティといっても必ずしも地理的に近接したものばかりでない。関心を同じくする者がインターネットを通じてつながり，資源を共有するクラウドの領域もある。筑波大学図書館情報メディア系の森嶋厚行さんの「クラウドソーシングが不可能を可能にする」は，クラウドにおいて人々があらゆる資源を共有する機会をみつけ，さらに人だけでなくコンピューティングの介在により，課題を解決できるという今後の方向を示す。図書館や防災訓練の事例などがあげられており，コミュニティアセットの新たな展開が望まれる。

　山本作兵衛の炭坑記録画・記録文書は，ユネスコの「世界の記憶」にも登録された極めて貴重な地域の文化資産である。「永末十四雄の仕事　─地域の記憶と記録を未来に残した図書館人」と題して，作兵衛にこれを描かせた図書館人を当研究所の磯部ゆき江さんが探った。あまり知られていない永末と作兵衛との関係とともに，主著『日本公共図書館の形成』にみられる，細部が全体を構成するという地域からの視点，あるいは地域史研究を踏まえた図書館活動の実践と公共図書館史の研究を通じて，あるべき公共図書館像を永末は追究したという。

　最後に，国文学研究資料館の増井ゆう子さんによる「コミュニティアセットとしての古典籍」である。わが国は，『国書総目録』とそれを継承する『国書データベース』のおかげで，世界

的にもこの領域は高い水準にあるが，なお古い地域資料等で，『国書総目録』未収のものに遭遇することがある。そこで，現在でも行われている目録類の刊行やさまざまなプロジェクトについての紹介とともに，共有できるデータの作成要領などについて取りまとめてもらった。

　本書は，「未来の図書館 研究所 調査・研究レポート 第6号」であるとともに，前号と同様に，主要なテーマを設定した書籍『図書館とコミュニティアセット』として刊行する。また引き続き，多くの方々に求めやすいよう，株式会社樹村房に発売を引き受けていただいた。

　今後とも，本シリーズを充実させていけるよう，さまざまなご意見を忌憚なく本研究所に寄せていただくと幸いである。皆さまの変わらないご支援，ご鞭撻をお願いしたい。

2023 年 4 月

未来の図書館 研究所

所長　永田 治樹

目次

図書館とコミュニティアセット

開催日　　2022 年 11 月 28 日（月）

会　場　　都城市立図書館ホール

Zoom および YouTube によるオンライン開催

講演者・パネリスト　　　井上　康志

　　　　　　　　　　　　藤山　由香利

　　　　　　　　　　　　後藤　真

コーディネーター　　　　永田　治樹

主　催　　株式会社 未来の図書館 研究所

■ 登壇者プロフィール

井上 康志（いのうえ・やすし）氏 ／ 都城市立図書館 館長

1973年日本大学理工学部卒業後，民間企業を経て1981年宮崎県庁入庁。都市計画課などに勤務し2014年退職。その後民間企業を経て2018年より現職。NPO法人みやざき技術士の会理事長，一般社団法人こと・デザイン研究所代表理事。専門は都市および地域計画。県庁在職中に日向市駅周辺のまちづくりに携わり，市民一人ひとりが愛着や誇りに感じる景観デザインを手掛ける。2009年に共著『新・日向市駅』出版。

藤山 由香利（ふじやま・ゆかり）氏 ／ 都城市立図書館

三股町立図書館，宮崎市立図書館を経て現職。日本図書館協会認定司書1143号。研究分野は情報リテラシー支援・情報ニーズ・地域資料。『認定司書論文のたまてばこ』（郵研社，2019），『地域資料サービスの展開』（日本図書館協会，2021）にそれぞれ寄稿。最近の趣味は，近所を散歩すること。

後藤 真（ごとう・まこと）氏 ／ 国立歴史民俗博物館 准教授

2007 年大阪市立大学大学院文学研究科修了。
博士（文学）。人間文化研究機構国立歴史民俗
博物館准教授，総合研究大学院大学准教授（併
任）。2021 年，科学技術・学術政策研究所「ナ
イスステップな研究者 2021」に選定。専門は
人文情報学・歴史情報学。特に地域歴史資料の
大規模データインフラ作成と，それを用いた地
域における文化継承の研究を行う。著書に『歴
史情報学の教科書』（文学通信）など。

永田 治樹（ながた・はるき） ／ 未来の図書館 研究所 所長

名古屋大学附属図書館を振り出しに，国文学研
究資料館，東京大学・金沢大学・北海道大学の
図書館などに勤務後，1994 年から筑波大学図
書館情報メディア研究科，立教大学文学部等で
教育・研究に携わる。専門領域は図書館経営。
近著に『公共図書館を育てる』（青弓社, 2022）。

＜シンポジウム記録の構成にあたって＞

「図書館とコミュニティアセット」をテーマに開催された，未来の図書館研究所第 7 回シンポジウムの記録を次の構成により所収した。

1. 講演の中に，シンポジウムで配付された資料に基づき，見出しを挿入した。
2. 講演でパワーポイントや Web サイトの図に言及している部分については，当日のパワーポイントのスライドの一部を抜粋し掲載した。
3. 挨拶や進行に関わる部分，ディスカッションの一部は割愛した。
4. 当日取り上げられなかった質問とその回答を追記として収録し，末尾に注・参考文献を付した

シンポジウムテーマの趣旨

永田 治樹（未来の図書館 研究所 所長）

　2016 年 10 月に「図書館のゆくえ」というテーマで，このシンポジウムを始めまして，おかげさまで，今回で第 7 回を迎えます。第 1 回を除き，テーマにカタカナ用語を使う妙なシンポジウムというご指摘もあるのですが，別に奇をてらうつもりはなく，真意は「少し視点を変え，改めて図書館のことを考えてみよう」という趣旨であります。

　今回も一昨年，昨年と続いて，Zoom と YouTube によるリモート・シンポジウムとなっております。ただし今回は都城市立図書館のご尽力で，久しぶりに登壇者の方々，ここに立ち会ってくださっている方々と向き合える態勢となっています。また，こちらのスタッフと設備のおかげで，会場の雰囲気が通常の Zoom よりリアルにご覧いただけるようになっています。このシンポジウムが今後もこのように，臨場でも，そして場所を問わない遠隔地からも参加できるハイブリッドな形式で引き継がれていくことを願いつつ，本日のシンポジウム開会の挨拶に代えさせていただきます。

　さて，タイトルページのスライドの写真を説明いたします（図 1）。こちらは私がこの夏訪れたオランダのデン・ヘルダーという町の「学校 7（School 7）」という図書館です。この町はオランダ海軍の基地があったため，第二次世界大戦中，ドイ

ツ軍によって完膚なきまでに破壊され，町がほぼ消えてなくなりました。ただ，この学校の建物の骨組みだけが残りました。あまり言及したくない例えですが，原爆ドームとか，ベルリンのカイザー・ヴィルヘルム教会，そんなものを思い出します。戦後，町は長い時間をかけて復興し，以前とはまったく違った光景になってしまいましたが，図書館をこの学校の跡地に建設するにあたって，学校の遺構を活用し，教室などを復元し，活用することになりました。残っている骨組みや壁を活用するほうが，経済的にも有利だったということもありました。2016年の図書館の開館によって，皆が通った学校という共有できる記憶がよみがえりました。

図1　スライド「タイトルページ」

　この窓の外は新しい街並みです。一幅の絵のように見えます。また，椅子の前には絨毯が敷かれています。その柄はこの街の

戦前の光景を織り込んだものです。こうした共有できる記憶は
コミュニティアセット，すなわち地域社会の資産です。それを
活かした学校 7 という名の図書館はコミュニティをつないで
います。今回のシンポジウムのテーマは，図書館とこの「コミ
ュニティアセット」です。

コミュニティ（地域社会）をここちよいものに

　次のスライドはコミュニティアセットとは何か，具体的にど
んなものがあるかを描いた見取り図です（図2）。
　コミュニティアセットの中心は，まずコミュニティの住民で
す。人々はそれぞれの技能や力量でコミュニティを発展させて
いく基盤です。次いで，コミュニティに不可欠な役割を果たす
学校，病院，図書館，博物館などの社会的な機関があります。

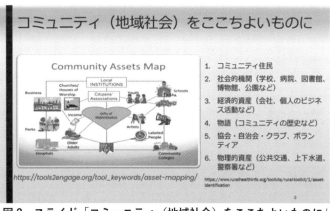

図2　スライド「コミュニティ（地域社会）をここちよいものに」

また人々が経済活動を行うための，あるいはその成果としての経済的資産もあります。そして先ほど述べたようなコミュニティで共有されている記憶，歴史，人々が集う場所，クラブ，あるいはボランティアグループがあるでしょう。さらにコミュニティを維持するための公共交通，上下水道などもそうです。これらがコミュニティの生活を営んでいくための私たちを支えるアセット，資産です。それらがうまくかみ合い，それぞれの役割を果たしていれば，ここちよいコミュニティを維持できましょう。

公共図書館の役割：ユネスコ公共図書館宣言 2022

　図書館は，あらゆる種類の知識や情報を入手できるようにする情報センターというコミュニティアセットです。画面（図3）に引用した文言は「ユネスコ公共図書館宣言」の文言なんですが，それが 2022 年 7 月に四半世紀ぶりに改訂されまして，次の二つの要素が加わっています。

　知識社会という状況認識が新しく示されました。それに応じた，増大する情報・知識を提供するだけでなく，新たな知識を創造するしかけが必要で，人々が協働できる公共スペースの提供も重要だということもいっています。それから二つ目は，図書館が地域社会を育むということを明言し，人々の生活を紡いでいくものだといいます。

　要は，今日の公共図書館は単純に読書や情報提供のためだけではなくて，人々をつなぎ，知識を増やし，そして地域社会を育むという役割を果たすものだと主張しています。

あらゆる種類の知識や情報をたやすく入手できるようにする、地域の情報センターである

■ 知識社会の不可欠な構成要素として、すべての人に情報の意味のある利用を可能にするという責任を果たす。また、知識の生産や情報や文化の共有・交換に必要な、そして市民の関与を推進するための、公共スペースを提供する

■ 図書館は地域社会を育むもので、地域の要求を満たし生活の質の向上に貢献するサービス企画を支援する。人々の図書館への信頼に応え、地域社会への積極的な情報の提供と啓発が公共図書館の目指すところである。

地域社会（コミュニティ）を育む

図3　スライド「公共図書館の役割：ユネスコ公共図書館宣言2022」

図書館とコミュニティ

　図書館が地域社会における資産（コミュニティアセット）であることは，皆さまにはあえて説明する必要もないでしょう。ただ，このユネスコの宣言で強調された，「図書館は地域社会を育むもの」という指摘には，現状からみますと，そこまでやるの，できるのという感があるかもしれません。

　実はこのことを，私に改めて確認させてくれたのは，米国の博物館・図書館サービス機構（Institute of Museum and Library Services：IMLS）の動きでした。IMLS というのは，1996 年に設置された独立行政機関で，助成や調査の事業を通じて，連邦レベルで博物館，図書館をリードする機関です。アメリカ合衆国は州を合わせた国家ですので，教育行政は州単位で行われており，従来連邦レベルでの図書館政策は大変手薄で

した。しかし，社会が急速に情報化しインターネットが進展する過程で，このIMLSが設置されまして，その図書館政策の成果には目を見張るようなものが出てきました。先月（2022年10月）にちくま選書として刊行された豊田恭子さんの『闘う図書館：アメリカのライブラリアンシップ』という本には，IMLSを中心とした米国の図書館事情が記されています。ご興味のある方には一読をおすすめします。

　ついでに申し上げておくと，日本とアメリカの公共図書館にはもともとかなり差があったのですが，今ではその差はもっと拡大しています。特に顕著なのは，公共図書館におけるデジタルサービス，そして人々を巻き込む豊富なプログラム（イベント）の展開です。そのようなプログラムサービスに関して，本日の会場，都城市立図書館では充実しておりますが，一般に日本の公共図書館は十分には行われていないようです。

　そのIMLSが2016年に「コミュニティ触発イニシャティブ（Community Catalyst Initiative）」というものを始めました。「地域社会触発計画」としてコミュニティアセットを最大限に活かして，地域社会にインパクトを与え，人々の生活の質（ウェルビーイング）を向上させようというものです。時間の関係で縷々に説明できませんが，「参考1」というスライド（図4）に，このイニシャティブのねらいをあげておきました。

(参考１)
IMLSの「コミュニティ触発イニシャティブ」のねらい

- 現在のコミュニティ開発とその評価に関わる実践の支援
- 図書館や博物館が、特定の人々（例：退役軍人など）へのより良いサービス提供機会の発見と、利用者中心の設計・連携に基づいたツールの開発
- 図書館や博物館が提供する家庭学習の環境で、地元のSTEM 実践者を最大限に活用して科学の探求を促進する方法の調査研究
- 博物館と図書館が地域社会のウェルビーイング（人々の幸せ、繁栄）にどのように貢献しているかの分析
- 期待される行動、アウトプット、および長期的な成果を確立するための変化の理論の作成

https://www.imls.gov/our-work/priority-areas/community-catalyst-initiative

図4　スライド「参考1」

アセットベースのコミュニティ開発

　IMLS のコミュニティアセットによるコミュニティ開発という施策には，基盤になる考え方がありまして，この表（図5）がそれを提示しています。これまでのコミュニティ開発は，どちらかといえば，左側の「社会活動モデル」に寄っていました。地域にどんな問題があって，なにが足りないかを明らかにし，専門家を中心にした外部からの支援を行う方法でコミュニティを改善しようとしてきました。しかし，援助が終わればその地域はまた元の状態に戻ってしまい，持続的な成長が確保されないことが多かったといいます。それに対して，右側の「コミュニティづくりモデル」が望ましいあり方です。

　元の状態に戻ってしまわないよう，地域住民のスキル，地域

団体の力，および地域の社会的機関の機能を強化することが必要です。地域住民のスキル，地域団体の力，地域の社会的機関というのは，コミュニティアセットです。つまり，既存の地域社会資産に基盤をおき，将来に向けてより強力で持続可能なコミュニティを構築する方向を展望するのです。

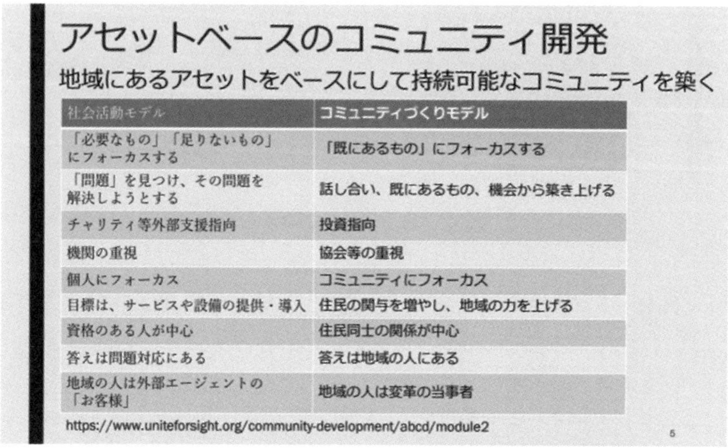
アセットベースのコミュニティ開発
地域にあるアセットをベースにして持続可能なコミュニティを築く

社会活動モデル	コミュニティづくりモデル
「必要なもの」「足りないもの」にフォーカスする	「既にあるもの」にフォーカスする
「問題」を見つけ、その問題を解決しようとする	話し合い、既にあるもの、機会から築き上げる
チャリティ等外部支援指向	投資指向
機関の重視	協会等の重視
個人にフォーカス	コミュニティにフォーカス
目標は、サービスや設備の提供・導入	住民の関与を増やし、地域の力を上げる
資格のある人が中心	住民同士の関係が中心
答えは問題対応にある	答えは地域の人にある
地域の人は外部エージェントの「お客様」	地域の人は変革の当事者

https://www.uniteforsight.org/community-development/abcd/module2
5

図５　スライド「アセットベースのコミュニティ開発」

私どものシンポジウムで，第２回目に「図書館とソーシャルイノベーション」というテーマを取り上げましたが，その際に参照したものと同様です（バングラデシュの有名なグラミン銀行のような成功例）。地域の人々の力でもってその地域を，よりよいものにしていくということを試みています。だからIMLSも，博物館・図書館がこのような観点でコミュニティを

触発し盛り上げていけるのではないかと考えたようです。

　アセットに注目したコミュニティづくりは，多くの方は現在日本の各地で展開されている中心市街地の図書館，「まちづくり」図書館をイメージされるかもしれません。確かにそうした動きと同調するところもあります。しかし，必ずしもそれと同じとはいえません。あるいは別物だといったほうがいいかもしれません。コミュニティづくりとは経済的な側面にとどまるものではなく，人々の心を豊かにし，まずその社会で差別や排除をなくし，皆でコミュニティの繁栄，幸せを確保すること，全部を含んでいます。コミュニティにはにぎわいも必要ではありますが，人が豊かに暮らしていけること，人と人とのつながりをどのように担保するかが重要です。そして，未来にひきついでいく持続可能性が必要です。

　図書館がコミュニティアセットをつないで，人々が必要なものを見つけ，そうした動きをリードできればと思います。本日は図書館がさまざまなコミュニティアセットを掘り起こし，目に見える形として，コミュニティをどのように育むかを問題にし，それについてのご議論をいただきたいと存じます。公共図書館という立場と，歴史情報学という二つの立場から，ご発表を用意していいただいており，さっそくご講演を賜りたいと思います。

講演「地域の情報とは　～図書館とコミュニティアセット～」

井上　康志，藤山　由香利（都城市立図書館）

藤山：都城市立図書館から，「地域の情報とは～コミュニティアセット～」ということで事例を紹介させていただきます。まず，図書館の紹介をします。都城市立図書館は 2018 年 4 月に大丸百貨店のショッピングモールだったセンターモールをコンバージョン，改築する形で，移転開館しております。当地に来てから 5 年目を迎えようとしているところです。図書館自体の設立は，私立北諸県郡教育会附属図書館という長い名前の図書館から出発して，今年で 120 年を迎えました。私自身は旧図書館からの移転，引越し作業に関わりましてから，資料の管理全般や地域資料の収集保存等を担っているところですが，図書館員としては 19 年目となります。私のほうからは，この後，実際に「まちなか記憶展」を始めるまで，そして，始めたことで感じたことなどをお話ししたいと思っております。

ことのはじまり　～一枚の地図との出会い～

井上：ここから私のほうで少しイントロダクションとして，いくつかのキーワードを紹介しながら，また藤山さんに戻したいと思います。私は都城市立図書館の館長の井上といいます。開館から数えまして，今 5 年目です。

図6　プロジェクトスタジオ

　今映っている写真（図6）は，この都城図書館の2階にあります プロジェクトスタジオという場所ですが，この図書館の中で一番手を焼いた場所なんです。このあたりから，少しことのはじまりというか，どのようにして今回説明するプロジェクトが進んだかをお話ししたいと思います。

　ちなみにこのプロジェクトスタジオの入口に，「プロジェクトスタジオは，市民による市民のための活動を行う部屋です。生活上の不便の解決，楽しい取り組み，交流イベント，未来のための新しいアイデアなど，地域をよりよくする活動をプロジェクトとして実践していく場です。」という説明書きがあります。簡単にいうとこの場所は「市民による市民のための活動を行う場所なんだ」と書いてあります。いったい，どういうこと

をすればいいのか，あるいはどういう場所にすればいいのか，判然としないまま開館していたんですね。それには実はきっかけがありまして，1枚の絵地図と出会ったことが一つのきっかけだったんです。その地図がこれです（図7）。

図7　昭和10年頃中町住民図

　都城の市街の北半分を手書きで，こんなお店があったよとか，こんな配置で川があったよとか，池があったよとか，そういったものを整理したものです。いただいたものは，イベント広場でこんにゃくを売っていた方が，この地図を貼ってらっしゃったんです。そこでお店の方とやりとりしているうちに，まちの様子を聞き取ることができました。実はこのイベントが終わったときに，この地図を「館長にあげるよ」と言われて頂戴したんです。これが一つのきっかけでした。

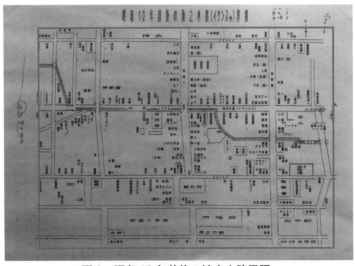

図8　昭和10年前後の池之小路界隈

それからしばらく経ってから，今度は南半分の地図をいただくことになります（図8）。これをつないでみようということになったのですが，ふたつの地図がつながってないんですね。この間をどうやって埋めるのかというところでしばらく悶々として，しばらくは放置状態でした。（図9）

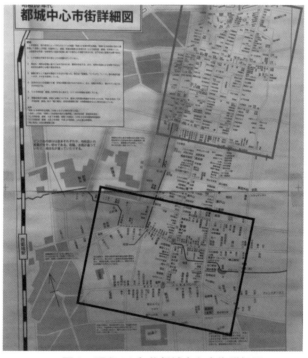

図 9　昭和 10 年代都城中心市街詳細図
（図 7 が上の四角部分，図 8 が下の四角部分にあたる）

コロナで生まれた時間

　その後，2020 年の 2 月ぐらいからコロナが始まって，その年の夏に 1 か月ほど休館することになります。社会活動が停止するような事態に入った。そのときに図書館内でいろんな議論が始まります。実はこの部屋がプロジェクトスタジオの中身なのですが，このときはまだ何もなく，ここは会議室として使われていました（図 10）。

図 10　当時（2020 年）のプロジェクトスタジオの中

　ここを使っていろいろな議論を始めました。コロナパンデミックが始まったときに，休館で図書館が閉まってしまった。お客さんが来ない。こちらからも行けない。何かすることはない

のか。そういったことがありました。そのときにうちのスタッフから，人が来なくても何かできることがあるんじゃないかということで，2020年8月に「BIG WAVE プロジェクト」というネーミングをつくって，できることからやろうよという動きがスタートしました。それがもう一つのきっかけではあります。どんなことかというと，例えば付箋をたくさん貼って，外へサービスを提供するようなことができないのか，すぐ予算をつけて始めました。それ以外にも，二つ三つのプロジェクトを動かそうということで，検討に入ったんです。私はどちらかというと，GIS（地理情報システム）とか地図とかそういった加工のほうが得意だったので，都城の盆地を地図で示してみたり，あるいは20年前40年前80年前に何が建っていたんだろうという地図年表を作って，これで何か始められないかという提案をしていました。それでも，プロジェクト自体はなかなか動き出せなかったんですね。悩み多いというか。

　これは，私が職員に投げかけたものです（図11）。一つ目は，「あなたは何のためにその仕事をしていますか」です。二つ目は，「コロナで何か変わりましたか。それは誰のためですか」。三つ目は，「市民を巻き込むって，どういうことですか」。この三つの質問を投げかけました。下にポンチ絵というか，絵が書いてありますけれど，左側の丸が書いてあるところは，市民からのレファレンスをイメージしてください。市民からスタッフに問いかけがあったときに，ズバリその答えを返します。そうすると要するに「答え」を持ち帰る。俗にいうテイクアウトです。そうすると，答えを持っている人たちだけの市民がたくさ

ん生まれるわけです。ところが右側で，質問の背景とか，あるいは事情を聞いて，そして，その知識をもとに理解を示してあげる。そうすると，市民側に気づきが生まれるんですね。それを市民がたくさん持ち帰ると，答えではなくて，気づきの集団が生まれるんです。こういうことではないのかという問いかけをしました。

図11　職員への投げかけ

アルツハイマー型都市　〜その対処法〜

　もう一つ，私の造語なんですが，アルツハイマー型都市。簡単にいうと，まちなかに大きなビルが建てられたり，あるいは新しい道路が抜けたりすると，以前そこに何があったか，なかなか思い出せないことってありませんか。それを何か形として残すことができないか。実はうちの図書館の前に今年の4月にホテルができました。ホテルの中に駐車場があります。以前そこに道があったんです。どんな舗装の道だったのだろうとか，

どんな道だったんでしょうかと問いかけると，実はこんな道が
ここにあったんです（図12）。地元の人しかわかりません。で
も残せていないんですね。こういうことが，これから取り組む
べき一つの課題ではないのかなと感じています。ここから先は，
具体的にどんなことをやったのか，藤山さんのほうに引き継ぎ
たいと思います。

図12　現在の駐車場の写真と元の道の写真を重ねて

コロナ禍のときのいろいろなアイデア

藤山：では，まずはコロナ禍のときに戻ります。たくさんアイ
デアを出すことはできるんです。これしたらどうだろうか，あ
れしたらどうだろうかと出すことはできるんです。動けたもの
もあるんですけれども，でも実際の感触としては，何か，地域
住民の方と，われわれがやっている仕事に対しての距離感とい

うものを私自身は感じていました。そんなときが 2020 年 8 月から 9 月だったと思います。そのときにプロジェクトスタジオで，たくさん出たアイデアの前で，私自身は立ち止まって，これはどうすれば動き出せるんだろうかという問いを一人で続けていました。そのときにちょっとしたきっかけとなったのが，先ほどのあのポンチ絵です。ポンチ絵の「答えではない」というところ，答えを探すのではない。何かしらの気づき，きっかけをつくることが，もしかしたら仕事なのかもしれないというふうに考えてから，少し気が楽になったというか，いろいろなことにチャレンジすることに対して，私自身の意欲も出てきました。8 月は図書館自体が休館していたので，いろいろな資料を外部に持ち出したくてもできないという状況がありました。それだったら，いざ開館したときに，私たちはそれを受け入れられる図書館になっていればいいのではないか。テイクアウトではなく，インテイクという形が，今一番できることなんじゃないかなという視点に立ちました。井上さんは，私自身がインテイクと感じていたことは，感じてらっしゃいました？

井上：実は全然感じていませんでした。悩んでいろいろ議論をやってるのは知っていました。

思い出を集める活動

藤山：2020 年 9 月に 1 階の展示コーナーで，先ほどの井上館長が出会われた地図を置いて，「思い出集め」という形で始めました。ただ地図を置くだけでは何も動き出さないので，ここで地域の人に地図を見て思い出したことを付箋に書いてもら

って，集めるという活動だったんですけれども，実際１階のコーナーで始めましたら，すごく反響がありました。まず地図自体に興味関心を持たれる方の「この地図は何なの？」「昭和10年の都城の地図，初めて見た」という感想だったり，市外の方でも，やはり興味を持たれてるんだなということが感じられました。実際思い出を書き残されていく方が多くなるにつれて，この活動の先に何があるのかなと思っていたときに，南半分の，中町の隣の上町（かんまち）の地図をお持ち込みになった方がいらっしゃいました。「ぜひ中町だけでなく上町も合わせたまちなか全体の取組みにできないものだろうか」というお声を聞いたあたりで，チームで動き出したらいいんじゃないかという形に変わってきました。

　この地図を重ね合わせる作業はとても大変でした。というのは，やはりわからない，空白のところがたくさんある。底本にする街路図を決めて実際に担当のスタッフがコツコツと作り上げてくれたんですけれども，ある程度形になったときに，この地図を使って何かしようという話になりました。けれどもそこで，この地図は外部に出せるものだろうかという精度の問題にぶち当たりました。私自身もこの精度のものを図書館として出すのはいかがなものかというところで，この地図をもとに，どのような形にしたら，次のステップに立つ活動につなげられるかと，ずっとモヤモヤしている最中，展示をしたらどうかという話につながってきました。展示するならなおさら正確な地図を出さなければいけないんじゃないか，思い出の復元地図とはいえ，ちゃんと裏を取ったものにしなければいけないのでは

ないだろうか。実際展示をするとなったときに，図書館に所蔵している古い写真だったり本だったり資料だったりを使うことは想定していましたけれども，実際来館される方にお見せするものなのだから，見ごたえのあるものにしなければいけないんじゃないか，というプレッシャーがありました。

　私は悩む人間なものですから，また例のごとくプロジェクトスタジオのほうで悶々と悩みつつ，井上さんに相談し，そのときに「実験と捉えられないか」と言われました。実験と捉えたら，確かにある程度，先行の事例に倣ったことを私はしようと，もしかしたらしていたのかな，これは初めてやることで実験だと捉えてやればいいのかと思いました。ワークショップという形も言われました。期間中に展示を変化させていくという形にできないかというところで，最初の1回目の展示開催に滑り込んだんですけれども，もう一つ懸念事項がありました。ただ懐かしむだけの活動になってやしないか。そうなったら，「懐かしいね」でおしまいのものを地域の方は求めているかもしれないけれども，その先って何だろう。それを私は自分自身の声で説明できるのかなというところがありました。暗中模索ではあったんですけれども，第1回の「まちなか記憶展」を2021年12月に開催したときのチラシを出します（図13）。

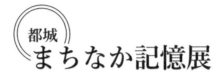

都城
まちなか記憶展

2021.12/6(月) － 12/31(金)　都城市立図書館ギャラリーA
都城市中町 16－15

開館時間　　　9:00~21:00
予約不要
お問い合わせ　都城市立図書館
　　　　　　　0986-22-0239

新型コロナウイルス感染防止の取り組み

マスクの着用　手指の消毒

都城市立図書館では、移り変わっていく中心市街地「まちなか」の、過去の姿を復元、保存し、伝えていくプロジェクトを行っています。
　どのような商店があったか、どんな暮らしを送っていたか、街の様子はどうだったか……まずは記録や記憶により、復元可能な昭和10年代から調査を始めました。
　そして、いくつかの資料を合わせ、協力者から聞き取りを行い、「まちなか」の昭和初期の様子がわかる一枚の大きな地図が出来上がりました。
　今回は、その地図や当時のことがわかる資料、懐かしの写真やモノを展示いたします。
　皆様、ぜひご覧ください。

『昭和3年都城商工案内』より　上町二丁目から三丁目を撮影したもの

図13　まちなか記憶展（第1回）のチラシ

「まちなか記憶展」開催

　プロジェクトスタジオで悩みだしてから約1年を経過して，「まちなか記憶展」という形で開催することができました。1回目の開催の準備中に，これはもしかしたら私が，懐かしさだけが残る活動にしたくないと言っていたことの答えなのかなと思った出来事がありました。準備中に大きな昭和10年の地図を設置していましたら，親子連れの人たちがすごく興味を持ってくださいまして，準備中ではあったんですけれども，中に入って，「昭和10年の今図書館のあるあたりの地図だよ」と言って，見てもらいましたら，「お店がいっぱいある」と5歳のお子さんが，飽きずにずっと見ていて，ずっと質問攻めにされました。その様子を見ていて，そのお子さんの頭の中では，すごくまちがイメージできている。いろいろなまちをイメージしている様子を見て，これは，もしかしたら，ただ懐かしいというだけの活動ではなくて，発展的というかイメージすることで，今住んでいるまちというものを意識することができるって，実はすごく大事なことなんじゃないか。コロナ禍の私自身の個人的なことなんですけれども，地元を歩いたりする時間が増えるなかで，「全然自分は地元のことを知らなかった」ということを自覚することで，何か生きやすくなるということを感じていたので，このお子さんが興味関心を持ってくれたことは，活動を続ける源になりました。

地域の人は地域のことにすごく関心がある

　実際，会期が始まりましたら，正直びっくりしました。ギャラリーAというのは割と広いフロアなんですが，私たちからは人がなかなか入りづらいかなっていう印象で，イベントの内容によっては入りづらい面もあるお部屋だったんですけれども，もうひっきりなしに人が来られました。もう一つ意外な反応だったのは，「また来るわ」と言って帰られるんですね。あと「家族を連れてくる」だったり，「友達に教えます」「早く教えてくれたらよかったのに」というお声もありました。私たちが想像していた以上に，地域の人は地域のことにすごく関心があるということも活動するなかで知ったことです。そのツールとしては，この昭和10年の地図でしたり，昔の写真でしたり，昔のチラシですね，商店街のチラシだったり，本だったり，グッズだったり，もうその糸口はすごくいろんなものにあるなということを感じました。正直，当初懸念していた完成度の高い展示ではなかったんですけれども，展示をご覧になって帰られた方の満足度はすごく高いなということを，実際の言葉やアンケートから感じました。

　ただ，1回開催しただけではちょっと確信につながらなかったので，2回目のまちなか記憶展をぜひ開催したいということを会期中に決めました。昭和10年を最初にターゲットにしたのは，昭和10年のことを知る人がどんどんいなくなるので，せっかくするなら昭和10年の情報を集めたいという気持ちからでしたが，2回目は昭和39年にスポットをあてました。39年は，オリンピックが開催された年でもありますし，まちなか

も活気がみなぎってきた年でもありましたので，こちらに合わせて2回目のまちなか記憶展を行いました（図14）。プランは1回目にできていましたので，順当に進んだんです。私の中でちょっと意外だったのが，噂が飛び火しまして，高城地区でも開催しないかという流れになりまして，高城地区でも開催することになりました（図15）。

図14　まちなか記憶展（第2回）のチラシ

高城
まちなか記憶展
2022.4.28(木)－5.31(火)

高城生涯学習センター

開館時間　9:00～22:00
※写真の受付時間は 9:30～18:00

休 館 日　5/15
お問合せ　高城図書館
　　　　　0986-58-4224

共　催　高城地区まちづくり委員会
　　　　高城図書館
協　力　高城郷土資料館

都城市立図書館では、移り変わっていく地域の過去の姿を復元・保存し、伝えていくプロジェクトを行っています。
　どのような商店があったか、どんな暮らしを送っていたか、街の様子はどうだったか…
　今回は、高城のまちなかの地図や当時のことがわかる資料、懐かしの写真を高城生涯学習センターと図書館に展示して、情報や写真を集めています。
　明治・大正・昭和時代の高城のなつかしい写真をお持ちの方は、ぜひ図書館へ！

昭和 10 年代高城上町商店街（高城商工会発行）

図 15　まちなか記憶展（高城）のチラシ

引き継がれていく記憶

2回目のまちなか記憶展と高城地区での開催，二つを開催して感じたのは，特に2回目，ご高齢の方を連れて参加される方が多くいらっしゃって，都城市の隣にある宮崎市からお母さまを連れてこられた娘さんがいらっしゃいました。そのお母さまのご実家がまちなかの商店で，昭和10年の地図の中にご実家の商店のお名前をお見つけになってその位置を確認したときに，もうお母さまは涙が止まらなくなりました。その後，昭和10年代，戦前から戦後にかけてどのような暮らしぶりだったか，その当時の風景，まちの風景が次々と思い出されて，娘さんに対しても私たちに対してもお話しくださったんです。こうやって普段は話さないことが娘さんに引き継がれて，娘さんもそれをお母さまの生きた歴史として受け取ってらっしゃる。こうして人の記憶というのは引き継がれていくのか。私たちもそのおこぼれというか，図書館員として，こういうことがあったんだということを知ることができる。普段私は地域資料の保存や収集で，「資料」というものに対しての観点が主だったんですけれども，資料ではなくやはり資源というものに対して敏感でなければ，地域の本来の残すべき記憶っていうのは途絶えていくのではないかなと感じる出来事でした。

「図書館は『想い』をつないでいきます」

ちょっと最初のほうに戻ってしまうのですが，まちなか記憶展の前の「思い出集め」を始めるときに，私自身が文章として使った言葉があります。「都城に住んでいて，いまはもうなく

なった建物，出来事，なつかしい思い出，ここに残して帰りませんか？その『想い』を，図書館はつないでいきます」。これは私が考えたんですけれども，井上さんにその日，この文章を考えたあとに相談しに行きました。図書館が何をしていくのかというところを，私自身が伝えられなければ，きっとこの活動を継続してやることはできないなという思いがありました。図書館は何をやるのか，一つの，一人の物語として伝えられるのかというのがないと活動は続けられないなというのを感じています。

　近々，3回目のまちなか記憶展を開催するんです。今始めたことでつなげたいことは，雑多なところから何かが生まれるきっかけをつくることができるんじゃないかと思っています。そして，迷いながら，悩みながら，けれども確信は捨てないようにしながら活動していくなかで，先ほどのインテイクに戻りますけれども，自分自身は最近あまり動いていません。けれども，だんだん図書館に情報が集まってくるようになる出来事が増えてきました。私自身は，これから，まちなか記憶展の活動をどう発信して発展させて，いったん展示だったり復元地図だったりという形にするんですけれども，それを見えない形で，今度は地域住民の方だったり来館者の方にフィードバックしていく。資源が「回遊」することで，力を得るように感じているところです。まだまだ感じていることがいっぱいで，実際に結果として何につながったのかといえないのがもどかしいところなんですけれども。一つはやっぱり，私自身は図書館という

プラットフォームを使って，地域の人を元気にしていくために地域資源を活用したいという気持ちがあります。

取組みから経験した気づき

井上：ちょっとフォローします。この取組みで三つの気づきというか，私自身がそういうことが起こるんだということを経験しました。

　一つはこの展示なんです。私はまちづくりが得意分野なんですが，ワークショップという形式をよく使います。都城図書館でやってるこの地図展というのは，長期間にわたって出入りが自由なんです。訪れた人たちがどんどん付箋に書き込んだり，あるいは私たちに言葉として伝えていったりするんです。私はオープンワークショップとこれを名付けたのですが，非常に多様性に富んでいる。それが非常におもしろいなと思ったことです。

　もう一点。これは実際に私が聞き取ったお年寄りの話です。90歳ぐらいの方なんですが，こうおっしゃいました。「私は，昨日の夜，流星群を見た。とても感動した。今日は図書館に来て，すごい感動した」と。先ほど，ポンチ絵みたいなのをあげましたが，私たちは答えを教えるのではなくて，気づきを与えたいと思っていたのですが，感動は与えられないです。しかし，このおばあちゃんは感動したとおっしゃいました。感動したという言葉を使った方が，他にも何人もいらっしゃるんですね。ですからこのことが，私たちが取り組んでいることの，すごさ

というか，一歩先をいってしまったというような感じを受けています。

　もう一つ。さきほど藤山さんが言いましたが，なぜか藤山さんのところに資料がどんどん集まってくるんです。写真，それから昔の記録，それ以外の情報が集まってくる。実は，50年とか，100年まではいかないんですけれど，80代90代前半の方というのは，たくさん記録を残されているんです。じゃあ，私たちはまちの様子とか，つながりとか，関係性を記録に残しているでしょうか。これは私自身への自問自答なんです。今これをきちんと残しておかないと，50年先に振り返ったときに，何も残っていないんじゃないでしょうか。それを今，都城図書館では，取り組んでいるような気がしています。藤山さんの思いとは若干違うかもしれませんけれども，私自身は今そんなことを感じています。今取り組んでいることは，未来のためにやってるんじゃないかなという感じを受けています。どうでしょうか？

未来につなげていく実践活動
藤山：都城の記憶と未来をつなぐ実践活動という形でやらせてもらってるんですけれども，何か悩んだら私はこの未来というワードを，未来につなげるんだということは，必ず忘れないように活動しています。何やってるのってよくきかれるんです。この展示で何をしたいのってよくきかれます。そのときに伝えるのは，今このまちというものをみんなで考えてそれを未来に

つなげていくようにしたい。今も元気にしたいし，未来も元気にしたいということをお伝えするようにしています。

　今映っている高城地区での活動では，2時間お話が止まりませんでした（図16）。本当に貴重なお話をたくさん聞くことができて，お隣に娘さんがいらっしゃっていますけれども，高城地区の昔のことではあるのですが，もう一つご自身のライフヒストリーが語られますので，娘さんとしては，「こんなに生き生きとしゃべる父を見てとても嬉しい，もっと自分の父以外にもおじさんにも聞いてほしい」と言われました。「絶対に残したほうがいい」とその娘さんもおっしゃいまして，やっぱり地域の人は地域のことを残して，つないでいきたいんだなということを，実際活動を通じながら感じているところです。

図16　まちなか記憶展（高城）の様子

プロジェクトの現況

井上：ちょっともう少し写真を見せますね。これ模型なんです
（図17）。まちの中央通りという本通りの模型なんです。実は
うちのスタッフが，写真のアーケードから建物の高さを出して，
航空写真から屋根の形を出して模型を作っちゃったんです。図
面なしなんですよ。これを見た建築の先生が，「建築の学生で
もこんなの作れない」とおっしゃっていました。すごいですね。

図17　まちの中央通り（本通り）の模型

　これは先ほどちょっと出ましたけれど，下のコメントは，お
母さん連れてきたんだけれど，すごく感激したとか，連れてき
てよかったっていうコメントです（図18）。いまだに，プロジ
ェクトスタジオでは出入り自由で，どんどんコメントが増えて

います。左下のコメントを解説してもらっていいですか（図
19）。

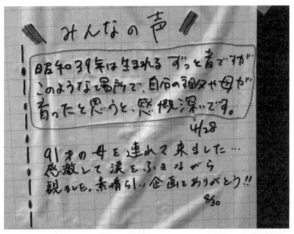

図18　まちなか記憶展への「みんなの声」

図19　プロジェクトスタジオ来場者からのコメント

藤山：宮崎大学の学生の気球のグループがあるんですけれども，「宮大生です。都城の町の上をたまに気球で飛んでます。都城大好きです。いつもありがとう」というコメントをイラスト付きで残してくれています。

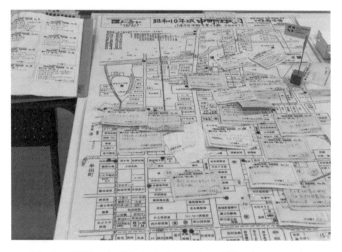

図20　地図に寄せられた市民からの付箋（コメント）

井上：実は地図の付箋も，どんどん増えていっています（図20）。いろいろ付箋が真ん中にありますけれど，宮崎県内の日向市から来られた女性が，「私の実家なんです」と付箋をめくりながら，挟んで帰った方がいます。そのコメントに対して，ある一定の知識レベルで，うちの図書館がどう捉えたかということを一覧表（図21）にしてます。すごい枚数ですね。こういったこ

とも整理して取り組んでいます。また，先ほどちょっと出ました，さまざまなものが持ち込まれてきます。チラシから写真から（図22）。非常におもしろいです。

番号	場所	詳細	内容	概要コメント
1	中央通り	都区	中央通りは都区市外から来て話を聞いた住民が多いそうな。	都区外は観光が難題る、人と地域の繋がりになりました。その為の、都区外からも多く御意見が集まっておりますです。その時代の状況は「都区市政通史 近現代」に、また、都区で有名な個人の故事は「都区民名人」に記載があります。
2	市内（高岡交通バス）	都区	高岡交通のポンネットのバスは＜路面して止まっていた。多いて互目に残った思い出がある。	2011.12の企画展で「中央通りの旧風景、ポンネットバスがすれ違う写真」を展示していました。
3	映画館	都区	駅裏際近くの映画館によく行った。	
4	阿多喜屋（おもちゃ屋）	都区	三歳ごろ、母とおばと一緒に阿多喜屋に行ったら、おもちゃが欲しくて動かなかったらしい。	
5	中島パン店	都区	高校生達、中島パンでパンを買って食べていた。	中島パン店さんは、現在から営業されている老舗です。「大日本職業別明細図 宮崎」にも記載があります。
6	池之心小路	都区	池ん小路（いけんすつ）は大演習のために出来たらしい。	昭和18年に設置時に大演習が都域であり、その際に池之心路は大きな拡張工事が行われました。このような地形があるということは、昔丸屋が一軒あったのでしょう。池之心路の名前由来は、江戸時代、山下民居店の場所にアミダ池という池があったため、という所報です。場所については、都域再現部「2010 まち歩き全書 5」に記載されています。
7	宏之馬場	都区	宏之馬場通りは、1～2丁目は閑静、3丁目は職人さんの街だった。鵜電車、カヤ葺きさん、タンコ（桶）屋さん、かまぼこ屋さん、鮫製屋、紳士服の仕立て屋があった。	「図60 10年代、都域中心の市街断面図」には、当時の建造の一部が記載されています。職種の違いもざわっていましたが、宏之馬場も暮らしが立ち並び、にぎわっていました。なお、昭代職工金融所全景であった江東方太郎系の、江東大世紀図もこの通りにありました。
8	市内	昭和48年頃	この頃は、人口に対する大型店の割合で都域は「日本一の激戦地」と言われていた。その為の、《寄木会講料分》模習セミナーを聞くと思外からも多くの参加者が訪れた。	

図21　地図に対する市民からのコメント整理一覧表（一部）

図22　市民から持ち込まれたさまざまなモノ

49

実際にプロジェクトスタジオに入られてる人数ですが，左側が市内，右側が市外です（図 23）。やたら市外の方が多いんです。先ほどのように嫁がれた方がここに帰ってきてご覧になるのですね。

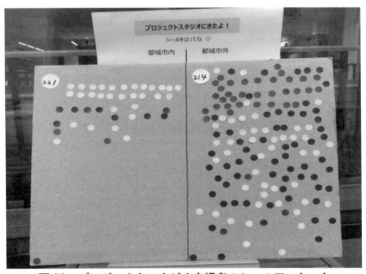

図 23　プロジェクトスタジオ来場者のシールアンケート

　最後に，これは今のプロジェクトスタジオの現況です（図24）。もう最初の写真（図 10）と様変わりですね。市民の場所に今なりつつあるなと思っています。

図 24　現在（2022 年）のプロジェクトスタジオ

講演「コミュニティアセットとしての歴史・文化，そしてデジタル」

後藤 真（国立歴史民俗博物館 准教授）

　私からは，歴史学，特にデジタル・ヒューマニティーズ，歴史情報学とか人文情報学といったような観点から，少しお話をさせていただければと思っています。

　前置き的なお話になりますけれども，「大学共同利用機関法人人間文化研究機構 国立歴史民俗博物館」と，フルネームでいうと大変に長い組織名になりますが，いわゆる大学共同利用機関という研究機関であり，かつ博物館であるという組織に所属をしております。人文情報学，もしくは先ほどご紹介いただきました歴史情報学を専門としております。もともとの専門は，日本古代史で，特に奈良時代の古文書，奈良の東大寺の正倉院にあります古文書の研究を専門としておりました。それのデジタル化に関わる研究をしておりまして，そこから最近は人文情報学，歴史情報学を専門とするようになりました。さらに詳しく説明をしますと，特に歴史資料の大型データインフラを構築し，地域の人々とともに，歴史資料をいかに保全して守っていくか，もしくは文化を継承していくかということを重要な研究テーマとして位置づけております。

　この写真は，岩手県の南部で，実際に現地にお伺いをして，古文書の調査をして，そこからデータ化を行い，解析可能にし

ました。(図25)。この写真は鹿児島県の与論町ですね(図26)。こちらは都城市さんの先ほどの活動と非常に近いので，後ほど説明をしますけれども，地域の人たちを巻き込んだアーカイブ，それから展示というのを行っております。

図 25　岩手県における資料調査から古文書のデータ化へ

図 26　与論における地域の人も巻き込んだアーカイビングと展示

コミュニティアセットって何だろう

　では，ここからが本題になります。永田先生の趣旨説明，課題提起と，それから都城市立図書館の皆さまのお話を受けて，改めて私の話の冒頭で，少し考えてみたいということです。先ほど，カタカナを使うのが好きなシンポジウムだというふうな指摘もありましたけれども，そもそもコミュニティアセットって何だろうっていうことを，もう一度ちょっと私なりに考えてみたいと思ったわけです。

　コミュニティというのは，一般的には，例えば自治体という単位もあるでしょうし，その中のより細かい単位もあるでしょうし，自治体を超えたとしてもさまざまな形で人と人とがある一定の集団を構成し，それが場合によっては，その集団の中で一定の意図をもって動いているとそれはコミュニティといえます。そのような特に地域のコミュニティみたいなものを今のところ意識しながらしゃべっておりまして，ある程度，なんとなく合意できる部分というのはあるのだろうと思っております。

歴史や文化はなぜ重要なのか

　一方で，アセットというのはやはり少し難しい言葉です。趣旨説明を受けまして，半分はすっと理解できる，ということでございます。まだやはり考えなければならない重要な問題が残っているだろう，私なりにここを理解したいと思います。とりわけ歴史や文化みたいなもの，今回私がお話をさせていただくようなものが，アセット，すなわち資産になるってどういうこ

となんだろうということを，ちょっと考えてみたいと思います。歴史や文化がアセットになるという極めてわかりやすい例はこちらです（図27）。これは，われわれと同じ歴史系の研究機関，研究所であります東京大学史料編纂所さんです。

図27　スライド「歴史や文化がアセットになること」

　2年ぐらい前，都城市さんとの間で歴史的な情報の共有・利活用促進に関する覚書を交わしております[1]。東京大学史料編纂所さんは前近代の資料を中心として研究を行いますので，特に前近代の資料のデータ化について積極的に進めていきましょう，というものだったと私は理解をしています。これはすごく古い資料であって，例えば島津家文書であるとか，本当に由緒正しい古文書みたいなものがイメージされるわけですね。存在しているだけで，ある意味文化財というものだといえるわけ

です。日本の文化行政のなかで，優れた品，つまり優品といわれるようなものを，文化資源に関しては文化財という言葉で扱うわけなんですけれども，その中に島津家のようなものもあるわけです。とりわけ国や自治体によって指定される，特に価値が明らかなものが「財」として指定されます。

　ある意味ではその点からいうと，歴史や文化というのは「財」という言葉を使うぐらいですから，宝でもあるわけです。実際私たちが調査に行く場所では，われわれは「資料」とよぶようなものであっても，お寺さんであれば「寺宝」とよんだりすることもあります。寺の宝なんです。当たり前といえば当たり前です。今回の都城市立図書館さんの報告でも，やはり過去のものを未来に残さなければならない重要性は本当によくわかるわけです。ただもうちょっと原理的に考えてみたときに，ではなぜ重要なのか。島津家のもののような，本当に古いものであればわかるけれど，先ほどの館長がおっしゃったのは，私は本当にすごく大事だと思っているんですけれども，50 年前のものであっても極めて重要である。過去のものは，1000 年前のものであっても，50 年前のものであっても，10 年前のものであっても，等しく重要であるというのは，歴史学者にとってある意味当然の立場なわけなんです。では，それはなぜ，どのように重要なのかということを，もう一度改めて考えてみたいと思います。

与論の古写真アーカイブプロジェクト

その事例として，与論で進めております「古写真アーカイブプロジェクト」というのを例にお話をさせていただきたいと思います。これは現在国立歴史民俗博物館で進めております共同研究の一環，また関連するいくつかのプロジェクトとも共催のものとして進められているものです。与論島は，鹿児島県の奄美諸島の一番南の島ですね。目の前は沖縄という与論島の 20 世紀の写真を調査収集して，許諾を経て公開・展示などへと結びつけているというのがこのプロジェクトになります。

この 20 世紀の写真を収集するプロジェクト，おおもとになりましたのは，実はコロナ対応だったんです。もちろん 20 世紀の段階では，新型コロナは存在してないわけなんですけれども，当初，私が与論町に関わった時には，コロナのクラスターが島内で起こっておりました。最初は，与論島内でコロナクラスターが起こってしまったときに，島の人々がどのように振舞っているのか，もしくはどのような対応をせざるを得なかったのかということに対して，それを未来に残すためにアーカイブをするという仕事のなかで与論島に関わるようになったんです。そのコロナそのもののアーカイブの仕事も続いているのですが，それに関連して，ある意味では純粋に現在というだけではなくて，今につながるような少し前の過去のものもしっかりあわせて保存する必要がある。与論でもそのような保存をする必要があるということが，関係者と議論を整理していくなかで，わかるようになってきまして，この 20 世紀の写真を収集し，公開展示へと結びつけるという作業に転換していったという

ものでございます。

古写真の調査収集

　少し話を戻します。現在，私たちも地域の歴史や文化を紡ぐ重要な資料として，与論島の写真の調査収集を行っております。具体的な取組みとしましては，まずは地域の人々が持っておられる古写真の収集です。与論島は，全部で人口約5000人の島です。5000人の島の皆さまに，週報という自治体が配るものがございますので，そちらに，例えば「古い写真を持っていませんか」というようなことを掲載します。また収集した写真は，われわれのプロジェクトのほうで持つということではなくて，デジタル化をしてデータとともにお返しをしております。フィルムとか原版写真はわれわれとしてはお預かりをせずに，まずは収集というか，一度お借りをして，データをとって現物とデータをお返しし，データはまたわれわれも持っているというような構造になっております。デジタル化を行うとともに，権利処理と書いておりますけれども，どのような条件だったら公開していいかという，許諾のための権利処理をしたうえで行っています。許諾を得られたものについては，現地での展示会の開催，それからWeb展示の公開を行っています。

写真を公開するための権利処理

　具体的に写真を見て説明をしていきますと，権利処理については，実際に写真の許諾使用の同意書ということで，同意を個別にいただいております（図28）。実質的にはクリエイティブ・

58

コモンズ・ライセンス（CC ライセンス）のどれに当たるかということを，一番下のところのチェック，CC ライセンスの CC-BY に近いような形にできるかどうか，それより厳しい条件をつけるべきかどうかというあたりについて，チェックボックスにしてシンプルに，よりわかりやすく公開への許諾をいただけるようなものとしてつくっております。

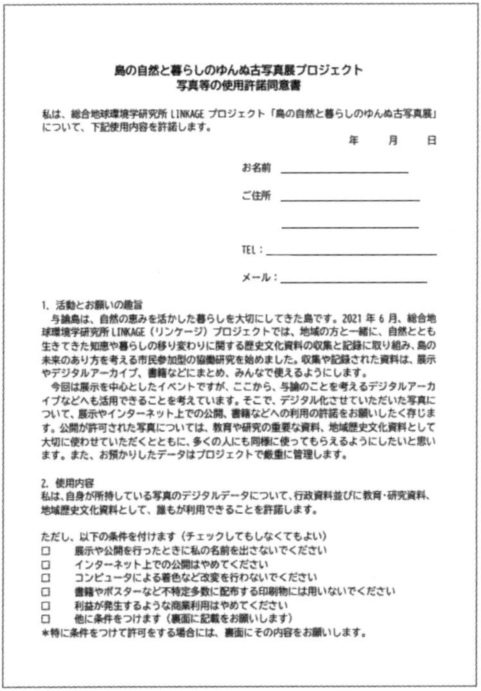

島の自然と暮らしのゆんぬ古写真展プロジェクト
写真等の使用許諾同意書

私は、総合地球環境学研究所 LINKAGE プロジェクト「島の自然と暮らしのゆんぬ古写真展」について、下記使用内容を許諾します。

年　月　日

お名前 ＿＿＿＿＿＿＿＿

ご住所 ＿＿＿＿＿＿＿＿

＿＿＿＿＿＿＿＿

TEL：＿＿＿＿＿＿＿＿

メール：＿＿＿＿＿＿＿＿

1. 活動とお願いの趣旨

与論島は、自然の恵みを活かした暮らしを大切にしてきた島です。2021 年 6 月、総合地球環境学研究所 LINKAGE（リンケージ）プロジェクトでは、地域の方と一緒に、自然とともに生きてきた知恵や暮らしの移り変わりに関する歴史文化資料の収集と記録に取り組み、島の未来のあり方を考える市民参加型の協働研究を始めました。収集や記録された資料は、展示やデジタルアーカイブ、書籍などにまとめ、みんなで使えるようにします。

今回は展示を中心としたイベントですが、ここから、与論のことを考えるデジタルアーカイブなどへも活用できることを考えています。そこで、デジタル化させていただいた写真について、展示やインターネット上での公開、書籍などへの利用の許諾をお願いしたく存じます。公開が許可された写真については、教育や研究の重要な資料、地域歴史文化資料として大切に使わせていただくとともに、多くの人にも同様に使ってもらえるようにしたいと思います。また、お預かりしたデータはプロジェクトで厳重に管理します。

2. 使用内容

私は、自身が所持している写真のデジタルデータについて、行政資料並びに教育・研究資料、地域歴史文化資料として、誰もが利用できることを許諾します。

ただし、以下の条件を付けます（チェックしてもしなくてもよい）
□　展示や公開を行ったときに私の名前を出さないでください
□　インターネット上での公開はやめてください
□　コンピュータによる着色など改変を行わないでください
□　書籍やポスターなど不特定多数に配布する印刷物には用いないでください
□　利益が発生するような商業利用はやめてください
□　他に条件をつけます（裏面に記載をお願いします）
*特に条件をつけて許可をする場合には、裏面にその内容をお願いします。

図 28　写真等の使用許諾同意書

現地展示と Web 展示

　それを踏まえ現地での展示を2回実施いたしました（図29）。1回目，2回目ともに，「運ぶ」というテーマを設定いたしました。1回目は，これもコロナで当初の予定よりも規模を縮小するような形になりましたが，与論町の役場のロビーをお借りいたしまして，そちらで約2週間の展示を行いました。その後，さらに中央公民館とありますが，やや広いところで廊下のスペースをお借りいたしまして，6月約3週間の展示を行いました。

　第1回目の展示のときは，展示を行うとともに地元の新聞社さんからも取材をいただきました[2]。デジタル化したものの一部に関しては，AIでカラー化した古写真なんかも実験的に掲載をするということもやっております。

図29　島の自然と暮らしのゆんぬ古写真展ポスター

　これは第2回目の展示です（図30）。廊下だったんですけれども，ただ写真を並べるというだけなのに加えて，年表とか，島の地図とか航空写真を載せてその変遷とともに展示するということを行いました。また，先ほどの話と同様に，われわれも付箋で写真にまつわる思い出を書き込んでもらうということを行ったわけです。あわせまして，現在，われわれのほうではWeb展示[3]も実施しております（図31）。こちらは特に第1回目，2回目で展示したものを，すべてのデジタル写真で，公開可能なものについては，Webサイトでデジタルアーカイブ的に展示するとともに，何か付箋を付けることができるようなシステムというのも現在開発中なんですけれども。それとあわせて，今は情報が提供できるようなフォームをつくっていて，その中から情報を提供いただくというような形をとっております。

図30　第2回目の展示の様子　　**図31　Web展示の様子**

写真で残された与論の風景の歴史的意味

　少しだけ実際の写真を紹介しておきたいと思います。

　見ていただくと，非常に長い埠頭の奥のほうに小さい船があって，真っ暗ですね。その中に人がずらっと並んでいるというような写真の風景です（図32）。これもこれだけでは何かわからないものというか，こういう風景があったんだなということ自体はわかるわけです。時期的にはこれは1960年代終わりぐらいの，現地の風景であると推定されます。

図32　1960年代後半の写真。夜中に船を降りている

　こちらも同じく 1960-70 年，どれだけ後になっても多分1970 年ぐらいまでの資料なんですけれども，その当時の風景です（図33）。奥のほうに看板がたくさん出ておりますけれども，これは地元の民宿へのご案内をする，今でも国際空港なんかだとよく出入り口でお迎えというか，それと似たような感じ

62

で, 船のところからそれぞれの民宿等へのご案内をするための
人たちが, お迎えに来ているというような風景です。真っ暗で
すね。

**図33　1960〜1970年代の写真。夜中に民宿の迎えが来て
いる。なお, 2023年現在, 船は昼間に着く**

　今, 最初から種明かしをせずに少しお話をしています。これ
は1970年代の後半以降, 77年ぐらいの写真になると思います
が, この港の風景は, 今の与論島の風景とは実はまるで違うん
です (図34)。これも船が遠くにいますね。与論島はサンゴ礁
の島です。サンゴに囲まれているので, 大きな船はサンゴ礁に
阻まれて入れないんです。なので, 特に大規模な港の工事が行
われるより前は, 右のような小舟 (はしけ) で, 大きいフェリ
ーのところまで行って船に乗るという生活をしていたわけで
す。

**図 34　1970 年代後半の写真。艀船にのり，
フェリーに向かう**

　先ほどの図書館の皆さまのお話と同様にこの写真だけでは，
そのような状況がなかなかわからないんです。奥に小さな船が
あるな，なぜこんなに並んでるんだろうとかいうふうになって
しまうわけなんですけれども，今は大規模な工事を行って大き
な船が着けるようになっています。もう大きな船が島に着いて
いるのが当たり前の風景になっているんですが，50 年前まで
はまったくそういうことができない。これは船を見送っている
わけではなくて，まさに今，船に乗ろうとしてる人たちの写真
なんですね。このような風景だったということ自体が，50 年
前はこうだったというのはある程度お年を召した人であれば，
これを見ればわかるわけなんですけれども，なかなか今の若い
人たちというか，おそらくそういう知識がないと，この写真の

意味というのはやはりつかみにくいわけです。

　もう一つ「種明かし」をしたいと思います。暗いほうの写真は夜です。現在与論島に船が来るのはお昼です。ほぼ正午に来るんです。その後一晩かけて，複数の島に停泊しながら鹿児島港まで移動する，南側は沖縄まで数時間かけて移動します。先ほど言いましたとおり，与論島は目の前が沖縄です。つまり，いわゆる沖縄返還前は日本最南端の島がここだったんですね。鹿児島から出た船は与論島まで行って，与論島で一泊，より正確にはこの当時は港に着くことができませんので島の外で一泊して，また鹿児島に戻っていく。ここが終点だから，船は夜着くようになっていたんです。夜ずっと島にいて，朝出るんですね。なのでこの真っ暗な船の風景と港の風景も，実はある意味では，その時の日本と沖縄との関係を表す一つの重要な写真であるともいえるわけです。ただそれは前提となる知識や情報がないと，なかなかそれを理解するのが難しいことも間違いありません。

資産は単体では存在しない

　少しまとめていきます。先ほどの都城市の皆さまのお話と，与論の話をつなぐような形で話をしていますけれども，資産というのは，資料もそうなんですけれども，資料の中の意味・価値というのは，実は単体では存在しないんだろうと，アセットという言葉を考えていたときに私は思いました。資産というのは，実は資産の中にある価値や意味というのを前提として含んでいるんですよね。例えば，先ほどの趣旨説明にもありました

けれども，土地であるとか，上下水道だって，当然のように資産だといわれればそうですよね。存在の価値があるからそれは資産なんです。上水道が資産であるということは，今だとウクライナとかインフラの状況を見れば言うまでもないことです。しかし一方で，目の前に非常に綺麗な水が出る井戸があれば，かつしっかりしたポンプがあれば，上水道は資産価値がないかもしれないんですよね。これはあくまでも本当に極端な例です。なので，実はどういうものであっても，資産という言葉には，前提として価値とか，人が生きる，生活するための意味みたいなものがあるだろうなと思っております。それはやはり，文化というのも同様なんだろうなと改めて理解をするわけです。ただ文化のほうは，そこにあるだけでは，その意義がなかなかわかりにくいということが非常に多いので，そこにあるだけではやっぱり価値にならないんです。例えば水道のように自明ではないので，これが社会的にどういうふうに意味があるかということが改めてくっつくような形で考えなければならないんだろうと思っております。資産はある意味，資産価値がなければならないわけです。価値を見いだすということは，例えばただそこにあるものに対して何らかの意味を見いだす，あるいは他の知とつなぐ。知とつなぐとか，あるいはその時，その資料自体，資源自体が知を増やしていくことによって，このような文化的なものというのは資産になっていくのだろうと思っています。ちょっとした本当に何でもないものを，資産に変えていくことが重要な営みなんだろうなというふうに思っています。

66

デジタルで知を構造化してつなぐ

　ここで少しだけ話を転換します。歴史というだけではなくて，デジタルのほうでも少しお話をしていくと，私の専門としているのはデジタル・ヒューマニティーズ（DH），人文情報学です。人文情報学でも，セマンティック Web[4] という思考は極めて重要だというふうにいわれています。特に Web の世界の情報というのは，データが単にあるだけではなくて，情報をいかにつないでいくか，機械的でも人がわかる形でもいいのですけれども，つないでいくかということが極めて重要な意味を持つといわれています。今の AI というのはそういうものに関係なく物量で押し切る側面があるので，セマンティック Web の思考は，最近 DH だけではなく，情報学系の研究では，やや退潮気味ではあるのですけれども，ただやはり知を構造化するというのは，まさにコンピュータもしくは Web の世界が最初にみてきた夢の一つでもあるのは間違いありません。人が理解すると同時に機械も理解できるようなものというのをつくるというのが，情報学であったりセマンティック Web の世界の発想だったというふうに思っています。その点でいうと，デジタルの知というのもつないで意味をつけなければまったく意味がないと思います。先ほど言いましたとおり，最近は AI が量によってコンピュータ処理を行うのは間違いありませんが，AI も，最終的に出してきた結果について人が意味をつけなければ，やはりまったく意味をなさない，ただのデータ処理結果でしかないわけですね。処理結果が有意か有意でないかというのを最終的に決めるのは人間です。それは AI だろうが，別の技術であ

ろうが，何も変わりはありません。

総合資料学情報基盤システム khirin について

　先ほど私の仕事としてデータインフラ構築という話をしました。国立歴史民俗博物館でも，特にセマンティック Web の技術に基づくデータインフラというのをつくっています。当館では「khirin（キリン）」[5] という名前をつけたシステムをつくっています。人間が理解できるって何か変に偉そうな言い方ですけれど，機械が理解できるということと人間が理解できるという両面をわれわれのシステムは持っていますので，人間の側のシステムとしてつくっているという観点で説明します。

　これは実際に当館が所蔵する錦絵の画像データの中から，関連する，例えば著者であるとか大きさであるとか時代であるとかそのようなものをつなげながら，資料の情報をより豊かにしていくということが可能なシステムとしてつくられているものでございます（図 35）。

　また，最近は図書館関係のデジタルアーカイブでも非常によく使われる技術になってきた，IIIF（トリプル・アイ・エフ）[6] という画像技術を用いて，特に IIIF と先ほどのセマンティック Web の技術の両方を組み合わせる形です。例えばこのように，これは同じ時代の古文書を三つ並べている状態です。安政の大地震のすぐ後の同時期の資料，文書写真を並べて比較しているというものです（図 36）。

図 35　khirin 検索結果画面の例

図36　同時期の資料を並べて表示

　一番左のものは，千葉県の古文書になります。真ん中は江戸，
右側はちょっと離れて徳島県の古文書になります。左側は，関
東は安政の大地震のときは本当に大きな被害がありましたの
で，被害の状況であるとか，鯰（なまず）が描かれるような資
料（鯰絵）というのが残っているのですが，四国の資料では，
そういう地震関係の情報はまるで出てきません。そういうこと
を，例えば同一時代の文書をうまくつなげることによって，理
解することができるという，そのようなしくみを持ったシステ
ムです。

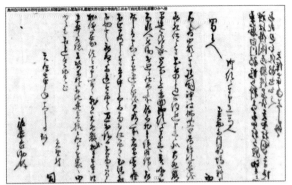

図37　徳島の古文書

図38　表題

　これは同じく先ほどの四国の徳島の古文書です（図37）。何かといいますと，この古文書の表題（「奥州白川村真木野村百姓初太郎諸国神社仏閣為拝礼罷越矢野村国分寺境内ニおゐて病死見分糺都書ひかへ他」）が，この部分にあります（図38）。古文書なので読むのが難しいですが，ここに「病死」と書いてあります。そしてここに「奥州白川村」と地名が書いてあるんです。これは何かといいますと，どうも幕末ぐらいに，四国の八十八箇所巡りをしていた東北の方がここで行き倒れてお亡くなりになってしまった資料なんですね。実はこの四国の古文書の資料には，やっぱりお遍路さんは本当大変だったんだなと思うんですけれども，日本各地でお亡くなりになってしまっている方の資料がたくさん出てきます。これは1か所のプロットですけれども，例えば，こういうものを地理情報，GIS上でプロットしていくと，幕末に四国八十八箇所巡りを日本の中でど

71

の辺の地域の人ぐらいまでがお遍路をしていたかという情報がわかったりするわけです（図39）。これも単に資料をただ一点一点読むというだけではなくて，例えば機械的に地理情報と知をつなげて，それをさらに地図上に落とすことによって，ある意味では幕末の日本社会のありようみたいなものをみる，重要なヒントになったりする例にもなっています。

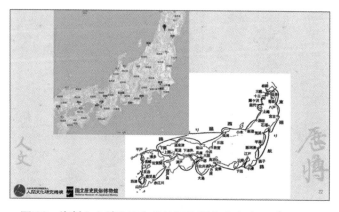

図39　資料から読み取れる地理情報を GIS 上にプロット

　もう一つ，これは私の担当ではなくて，当館の准教授の橋本雄太が，古文書，先ほどのようななかなか読めないものを，私たちが読める文字にするという翻刻のプロジェクト，クラウドソーシング「みんなで翻刻」[7] をやっております。こういう形での市民参加みたいなものも国立歴史民俗博物館では進めています。

地域の過去を文化資産にする試み

　さて，デジタルの話まで踏まえて，改めてアセットの議論に戻ります。あえて資産，アセットという言葉を考えてみたときに，おそらくこういう図になるんだろうなということでつくったものが下のスライドになります（図40）。これも同じく与論の写真の中から出しました。今はまったくつくっていないんですけれど，与論島は，60年ぐらい前まではかぼちゃが名産だったようです。写真が小さくて見にくいんですけれども，このあたり，南のほうで取れるかぼちゃが名産だといったようなことが，情報としてたくさん入ってるようなものなんです。展示したときは，「この方が当時の農協の長だった」という付箋が付いて，その後にさらにもう1枚付箋がついて「違うよ別の人だよ」とか，いろいろ付箋上で議論されたりして大変おもしろいんです。

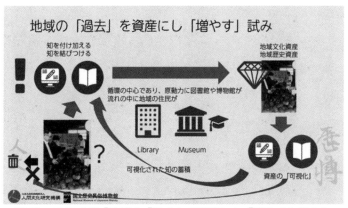

図40　スライド「地域の『過去』を資産にし『増やす』試み」

これは，わからないとただのかぼちゃを見ている人たちの写真なわけです。ただ何もわからない写真であれば，場合によっては捨てられてしまうかもしれない写真なんですね。価値がわからないということは，捨てられてしまう可能性があります。ただし，そこにさまざまな情報，それはある人の語りであるかもしれません。もしかしたら関連する書籍があれば，書籍と写真がつながればよいかもしれません。先ほど私が事例として説明したように，例えばコンピュータで全然違う質の資料とつながることも当然ありうるでしょう。そのような形で，知を付け加えて結びつけることによって，おそらくは地域の文化，地域文化資料とか文化資源という言い方を私はよくしますけれども，ここではあえてコミュニティアセットという言葉で考えていくとしたら，これは地域の文化資産であり，地域の歴史資産になるのだと思います。単体ではなくて，知を付け加えて結びつけるという部分が，実はこの資産化するという点では重要なのだろうと思っています。

知を増やしていく循環

　また，ここでわかったことは，おそらくは付箋や聞き取りなどの情報に加えて，先ほどの与論の過去の例のように，Web上の情報であるとか，誰かが本を書いてくれたりすることもあるかもしれません。もしくは過去の人たちが，何か「そういうふうなことがあってね」と語ってくれたことを聞き書きにしてもいいのかもしれません。そのようなものをまとめて，スライドでは可視化と書きましたけれども，このような資産自体をもう

一度記録にして，残していくんだと思うんです。その可視化されたものは，ただ単に可視化されただけではなくて，例えば図書館であるとか博物館に残されていくことになるので，可視化された知は蓄積されて，別の資料とともに，さらに知を付け加えるような材料になっていくんだろうと思います。さらにそれは別の資料，資産をどんどん増やしていく，という構造だと思います。

　このようにみていくと，土地の知の循環みたいなものを行っていき，それがまさに地域の文化資産を増やしていくようなしくみなのだろうと思っています。この循環の中心にあり，またこの循環を回していくところの原動力として，おそらく図書館というのはあるんだろうと思いますし，われわれ博物館もそういう機能を果たせればいいなと思っています。

　そしてこの流れそのものの重要なアクターとして，地域の住民がいます。もちろんそれに付け加えて専門の大学であるとか，研究者の存在もあるでしょう。

　先ほどの発表で，まさに媒介であるというのは，おっしゃるとおりだと思っています。その媒介というのを少し言い換えて，この循環をしていくためのある意味で原動力であると考えていくと，非常におもしろいのではないかなと私の中では思っております。またそれは，おそらくこの資料が「よくわからないから捨てられる」ということを防ぐことにもつながります。なので，先ほどの，館長がおっしゃられたような50年前の資産を残すということは，循環プロセスの中で実現されていくのではないかなと思います。単に守るというだけではなくて，この

ような形で理解を深めていくなかで，資料というのは初めて守られるのだろうと思います。

アセットを増やすためのデジタル活用

　同時に，このアセットを増やすためには，やはりデジタルデータの活用というのも極めて重要です。デジタルデータにより広範なアクセスを確保するというのは，やはり極めて重要だと思っています。われわれも現地で展示をするというだけではなくて，Web サイトをつくるということも行っています。それは外からだけではなく，コミュニティの中でのアクセスをより増やすことも目指しています。現地に来られなくても，例えば自宅からでも，自分の家の近くにこんなものあるんだとわかってもらえるのは，けっこう重要なことだったりします。私も大学で授業をしてますけれども，そこでいくつかデジタルアーカイブを紹介すると，「自分の家の裏に石碑があるのをデジタルアーカイブで発見しました」と言った学生がいました。意外とそういうこともあるんです。コミュニティの中からのアクセスも自由ですし，当然外から，場合によっては日本だけではなくて，海外の人が意外な価値を発見してくれることもあると思います。その点からも，両面からの価値づけというのはデジタルとしては当然重要だと思います。それと同時に可視化，資料を，知を結びつけるという点では情報技術が極めて重要ですし，また，デジタルデータというのは，結果的に暗黙的なものを明示的なものに変えていくという機能をもっていますので，明示化し固定化されていくということが重要です。それはおそらく図

書館が，デジタルアーカイブ展開を行うことの極めて重要な意義でもあると思いますし，また，他者とつながる，もしくは図書館が他者とつながる，もしくは図書館が他者と他者をつなげる媒介として，デジタルデータがあるというところでも重要だろうと思っています。

価値を見いだす

　最後に，これは今まで言ったことの復習になりますけれども，そこに住む人や住まない人も含めて，その文化や歴史を享受する。そこに何らかの，社会的な価値みたいなものがあるんだろう，価値理解の循環をつくり出すことによって，例えば，図書館に来て感動したということは私も大事だと思いますし，それだけではなくて，図書館に来た人が感動してその感動を持ち帰ることで，おそらく直接的に図書館に来ない人に対しても，そういうよい効果をもたらすのだろうなと思っています。そうやってみていくと，コミュニティアセットというのは，その地に住むことの意味であるとか，その地に住むこと自体を選択してもらえることの意味みたいなものをもつものなのだろうと思いますし，そのなかで，やはり文化というのが重要なんだろうというふうに思っています。地域の文化を育む輪の中心として，図書館であるとか，あえて博物館も仲間に入れてもらいますけれども，博物館であるとか，もしくは地域の歴史文化に携わる人々が，その中心として位置づけることを期待したいと思っています。

ディスカッション

| **質問 1**：景観保存は都市の今後のために重要と思います。都城市立図書館の今後の展望はありますか？ |

永田：ディスカッションのセッションに移りたいと思います。最初に、一つご見解を述べられるとともに、質問をなさってる方のものを読ませていただきます。

　「都城さんのご発表についての感想と質問です。1枚の地図、写真から、市民・市外の人々の持続的な関わりで出来た地図模型は、図書館という施設と機能ゆえの成果だと思います。個人、地元自治会、商店街などでは難しいこともあるかと思いますが、個人情報の開示、利益関係、目的等、図書館であるゆえの取組みだと思います。その機能が、大きく動作したすばらしい成果だと思います。施設という空間、公共であるという機能、それを営む図書館員さん」という感想が述べられており、質問として「まだまだこれからも続く都城さんの展望について、もう少しご教授いただけないでしょうか。建築を保存するだけではなく、景観保全は都市の今後のために重要なことだと思います。人々からの声を聞くきっかけになっていると思います」というご質問です。それでは都城市立図書館から、ご回答をお願いいたします。

藤山：都城市という地名は、城と名がつくように実は城下町であるんですが、実際に住んでいる私たちは、城下町であることをあまり意識していない。景観として残っている武家門、そう

78

いうものもまちなかにはあるんですけれども、「都城のまちなかって実は、文化的なものが残ってるんだけど知ってる？」と、この前、20代と30代の人に聞いたんです。「城下町なんだよ」と言っても「えっ、そうなんですか」というのが率直な反応でした。そういうふうに、歴史的な景観っていうのは、失われていくものだと思います。けれども、その失われていくなかで、実際に住んでいる人たちが、かすかに残っているものを保全しようという気持ちになるかどうかというところを、自治体としても汲み上げられるのか。残るか残らないかが重要ではなくて、今こういう状況だという価値観を共有する場として、図書館があればよいのではないか。今、景観に関して私が思うことは、そういったところです。

井上：少し補足します。実は私自身も都城のことをあまり理解できてなかったんです。今お話が出たように、都の城（みやこのしろ）と書いて、都城（みやこのじょう）と読むのですが、もともとお城があったんですね。平城（ひらじろ）が江戸時代にありました。山城は、もう一国一城でなくなったんですけれども、領主邸というお城があって、しかも城壁があって、武家の町があって、町人町があって、その町人町のど真ん中に、今、図書館があるんです。上町、中町とあるのですが、お城に向かって町ができていたんです。ところが戦後のまちづくりで家が壊されてなくなって、それから武家屋敷も、武家屋敷門がもう今10から20ぐらいしか残ってないんです。その横には、大きな蔵があったはずなんですけれども、今それが失われています。何が言いたいかというと、そういったものを失うことによって、

見るべき方向を失ってしまったんですね。なので、迷いが生まれているまちだなという印象を受けています。もうちょっと過去を振り返って、自分たちの足元がどんなまちだったのかということを、みんなの共通認識として知っていただく、一つのきっかけとして、今、取り組んでいるような気がしてならないです。

　もう一つは、景観上の話ですけれども、実はこの図書館がリニューアルで、もともとのショッピングモールのオレンジ色と黄色の外壁が白とグレーに塗り替わってたんですね。それって、昔のお城のイメージなんだと私は解釈した。新しいまちが生まれるという期待感だったこれまでの 50 年ぐらいが、実はシックなまちのイメージを図書館が持ったことで、過去をちょっと思い出すきっかけになればいいなとも感じてます。ですから、どういうまちにすればいいのか、あるいはアーカイブをどういうふうにやればいいかは、まあ置いておいて、まずは市民の方に、そういった誇りを取り戻す、あるいはみんなが同じ方向を向くように見定めていくという活動の側方支援ができるといいなと感じてます。

永田：ご質問の中で、建物を保存するだけではなく、景観保存という言い方がありました。建築を保存する場合、設計や構造などの視点で保存すると思いますが、景観だと文化史的な問題がある。そういった問題には、たぶん市民の方々のご意見がかなり影響すると思うのですが、都城市立図書館として、どこから手をつけていこうかといった見通しは、何かお持ちですか。

井上：実は，この都城図書館が5年前にオープンしてから，周りの景観が落ち着いた感じになってきています。どちらかというとグレーと白に近い。最近できたホテルもそうですし，周りでリニューアルしているカフェやお店もどちらかというとそうなって，落ち着いた雰囲気がここを中心に広がりつつあるんですね。建物そのものを残すというよりも，そういうマインドを持つ市民が増えていくっていうのがとても大事なのかなという気がしています。

歴史や文化に根づく，多様性を確保したまちづくり

永田：このような記憶の残し方について，歴史学的な観点から，後藤先生，何かコメントございますか。

後藤：今の館長のお話をどこまで受けきれているかわからないですけれど，どうしても開発をしていくと，何のポリシーもなく開発をすると，どこのまちも東京のコピーをつくりたがるんですね，日本の場合は。でも本来は，東京のコピーであれば，大都市に量とか規模に勝てないので，物流であるとか，人の流れが速くなればなるほど，どんどん吸い取られるだけになってしまうんです。ただ歴史や文化という点に基づいて，それを意識しながらつくっていくまちというのは，東京のコピー，もちろんそういう発想は 100%否定されるものでもないかもしれませんが，コピーというだけではなくて，自分たちの文化であるとか，そういうものに根づいたような形でまちをつくっていくということが重要だし，それによって規模に負けなくなる。それは，言い換えると社会の多様性を確保するということも同

じだと思います。日本列島全体がまったく同じようなまちにな
るわけではなくて，社会の文化とか，多様なあり方があって，
その多様なあり方を人々は選び取りながら進んでいけるよう
に，列島全体がなっていく。それの重要な機能として，都城市
さんであるとか，さまざまな都市地域があると思っております。
その点からも，このような図書館を中心としてまちの雰囲気が
変わってきたというのはすごいなというか，いいなと思った次
第です。

共通の記憶を持っていることが結合力や暮らす力になる

永田：都城市立図書館の方々のとってもいいお答えをいただい
たと思います。少し補足の発言を期待して，Zoom の参加者の
中に森田秀之さん[8]がいらっしゃいます。都城市立図書館の，
いわばプロデューサーとしてご尽力なさった方です。森田さん
は現在の活動をもちろんご存じだと思うんですが，何かコメン
トをいただけたらありがたいです。森田さんはこの都城市立図
書館をどんな思いでおつくりだったのか，現在の記憶を辿って
まちなみの歴史を残している図書館の活動を，どんなふうにご
覧になっているのでしょうか。

森田：ここの図書館を準備する前は，東日本大震災の復興支援
をしてたんです。4 年半，石巻市を中心に非常に厳しいところ
を，復興支援していたんです。そこで建築家の皆さんはハード
ウェアというか，建物をどうするか，土地をどうするかという
ことを考えていたんですけれども，私自身はソフトウェアとい
うか，人々の記憶を集めるようなことをやったんです。気候と

か風土とか，やはり地域というのは記憶の中に，その地域の形がつくられていっているということがよくわかったんですね。住民の皆さんは，共通の記憶を話し合うんです。それを専門用語だと集合的記憶，コレクティブメモリーというんですけれども，どれだけ共通の記憶を持っているかということによって，豊かさというか，その土地の結合力というか，そういうものが強くなるんじゃないかなと思いました。そういう意味では，都城はかつていろいろな歴史があったわけで，それをもう一度記憶として振り返ることによって，結合力というか，暮らす力というか，そういったものになっていくんだろうと思いました。

永田：こちらに伺って，中心市街地の活性化の動きのなかで，図書館もその一環として展開されているんですが，どちらかといえば，中心市街地活性化の動きというのは，まちの商業的な施設を更新して，まちのにぎわいを確保して，人々を引き寄せようというようなところに割と焦点をあてるんですよね。でもこちらの活性化は，それもあるけれども，今，森田さんがおっしゃったような，人々の記憶だとかそういったものを大切にして，図書館も活動するという展開です。最初に森田さんが関わられた際に，そういう議論はうまく落ち着いたんでしょうか。

森田：議論の余地も，もしかしたら与えずにやっちゃったのかもしれません。やっぱり図書館というもののイメージが，そのまちとか地域が変わっていくまでの力があるとは，残念ながら都城の方々も，まだ信じられなかった。もちろん市の職員の中には，かなり私と同じ変わり者がいまして，「よしそれを変えるようなものをつくろう」と一致団結していたんですけれども，

それ以外の方は，図書館は静かに本を読む場所だというふうな
イメージしかなかったような気もします。そこは，すみません，
私はすぐ炎上的な発言をしてしまいますけれども，「やってみ
ないとだめだろう」「やってみようよ」という形でつくっってい
ったというか準備したわけです。それはさっき藤山さんと井上
さんが実験的にやってみようみたいな話だったと思うんです
けれど，そういう捉え方でやっていかないと，物事はなかなか
進まない。そこはリスク管理というか，それで失敗したら何が
リスクなのかということをしっかりと捉えれば，やっていいと
いうことになると思う。図書館を，本を読むための場所だけに
とどまらないようにしようというのはリスクが低いという形
で進めてしまったということですね。

図書館の価値をあげるにはどうしたらいいか
永田：かなり強力な森田さんのリーダーシップがあったような
感じがしますが，それを受け止めて井上館長以下，スタッフの
方々がこちらの方向へずっと引っ張ってこられた。何か館長，
思いがあったんじゃないですか。
井上：方向性は，森田さんと非常に近い感覚を持っていて，一
つのきっかけがこの図書館から生まれればいいなと思ってい
たんです。それをさらに強くしたのが，コロナという1か月ぐ
らい図書館が閉まった時期に，改めて自分に課した，心に決め
たことがあった。そのうちの一つがどうすれば図書館の価値，
あるいは市民から，何かあったら図書館に行こう，あるいは相
談しようとなるにはどうしたらいいかということを，自分の命

顕としてずっと捉えていたんですね。それはさっき森田さんが言ったように，試行錯誤，実験的にやってみたり，試してみてだめっていうんじゃなくて，試したらどうなるか見てみようと，そういうところから何とかやってきて，5年。しかもこのプロジェクトは昨年の12月からなので，始まって1年そこそこなんです。だからそういった意味では，これからが本番かなという感じがします。

| **質問2**：地域の貴重な記録資料は，図書館か博物館かどちらに寄贈すればよいでしょうか？ |

永田：質問が他にもきていますので，回答をいただきたいと思います。「近くに図書館と博物館があります。地元でまちづくりの活躍をされた高齢の名士が亡くなられて，貴重な記録資料が大量に残されたのですが，図書館か博物館か，どちらに寄贈すればよいでしょうか」という質問です。これは名士の方が何を持ってるかというような話を伺わないといけないのかもしれませんが，何か補足のご説明ありますか。

質問者：私は横浜の港北区，昔の都筑郡に住んでいます。港北ニュータウンというニュータウンができて，昔3万人ぐらいだったところが，今25万人ぐらいになってます。当時から港北ニュータウンを元気にした方が，いろいろな記録をたくさん残して，この前高齢で亡くなられたんです。それで資料を整理したら，ダンボールで5箱ぐらいの，港北ニュータウンのまちづくりの貴重な資料が出てきた。この資料を私の個人宅にとりあえず置いてあるんです。図書館が近くにありますので，図書館

に持っていこうか，それとも近くにすばらしい博物館があります
ので，どちらに持っていこうかということを，担当者と相談
したんです。資料を整理するのが大変なのか，あまりいい顔，
いいものではないという雰囲気を感じたものですから，個別の
例は別として一般論としてどこで郷土の資料を行政的に保管
するという使命を持つのがいいのか。このままだと本当に散逸
しちゃうんですね。他の方の資料も，遺族の方に言うのが遅れ
て，「もう全部整理して捨てました」なんて言われて，もうガク
ッとしたことが何回もあるんです。そのあたりのことを教えて
いただきたいというのが質問の主旨でございます。

永田：たぶん，後藤先生はこういう質問をよくお受けになって
いるんだろうと思うのですが，どういうふうにしたらよろしい
んでしょうか。

後藤：本当に難しい問題です。いわゆる純粋にすべてに適用可
能な回答というのは，一言でいうとやはりないというのが現実
です。ただし，一般的にはモノ資料や文書資料みたいなものに
ついては，博物館にご相談をいただくほうがいいと思いますし，
書籍については図書館のほうがいいのかなと思っております。
ただ書籍であっても，図書館というのは，基本的にモノをその
まま固定するという機能が主たるものではない，一方博物館と
いうのは，預かった段階でそのモノをそのまま固定，つまりそ
の状態でなるべく置いておくということを，ある種の目的とし
ていますので，そこは博物館のほうが望ましいことが多いです。
ただし自治体の博物館というのは，地域によって機能や状況が
かなり千差万別です。図書館ももちろん千差万別なんですけれ

ど，博物館はもっとバラバラだったりすることが多いので，例えば自然史しか扱わないような博物館もありますし，逆に歴史しか扱わないようなところもあったりして，相談先の博物館がちょっとその館の目的に一致しないと難しいということもあります。それから，そもそも博物館の場合は設置されていないということもあったりします。

　そういうときには，自治体の教育委員会にご相談をいただくというのも，一つの有効な選択肢ということにもなり得る。特に文化財担当ですね。教育委員会の中の文化財担当のところにご相談をいただくというのも，一つの解になるかなと思います。私が先ほど出しておりました岩手県の例でいきますと，博物館も関わっているんですが，やはり資料の保全に一番熱心なのは，教育委員会の中にある文化財担当とか，アーカイブを担当しておられる職員さんで，先ほどの話にまさにありましたように，その人のところになぜか資料が寄ってくるんですね。地元の方がその人の顔を見ると，古いものをとりあえず見せたくなるみたいです。そういう資料の吸着材みたいな人は，すごく重要な人材です。ちょっと人依存の話になるので，もちろん一般的にすべて期待できるわけではないのですけれども，そういうところにも可能性があると思います。

　もう一つ，これはやや抽象的な話ですが都市のほうがそのような地域のアーカイブの保全に関しては，今後重要な問題になると思っております。それは人口が多すぎるからです。以前ちょっと論文で書いたことがあるんですけれど，特に20世紀に人口が多い都市，大都市は，これからそのような資料の受け入

れに，大変に苦労することになるだろう。おそらく横浜である
とか，東京もです。今後そのようなことに向き合う体制をどう
つくっていくかを考えなければならないんだろうと思ってお
ります。

永田：大変広範囲にわたって，示唆に富むお答えありがとうご
ざいました。博物館，図書館の違いでいえば，ユニークなもの
は博物館に，コピーは図書館にというぐらいしか考えてなかっ
たのですけれど，今ご発言にありましたように，都市ではいっ
ぱい寄贈資料が出てきますので，図書館なんかも，一般的に嫌
がりますよね。でもその中には貴重な資料もあるから，消えて
しまうというのは具合が悪い。確かに文化財担当というのは割
と見えない部分ですから，先生のご説明で，ハッと気がついた
ところです。

| **質問3**：個人名，商店名，法人名の書かれた地図を利用する
場合の注意すべきことを教えてください。 |

永田：それからもう一つご質問がございまして，「個人名，商店
名，法人名の書かれた地図を利用する場合，個人情報の取扱い
など，注意すべきことを教えてください」という質問もありま
した。

質問者：補足しますと，先ほどの都城と同じように，いろいろ
な横浜の商店街の名前が出てきてるんですね。そういう，個人
名が書かれた地図がバラバラっとあるんですが，それを自分で
まとめて何か出そうというときに，それぞれのところに許可を
得てやらなくちゃいけないけれど，全員の個人名の許可を得る

88

なんてとてもできない。一度発表したものは引用さえすれば大丈夫なのか。2分の1以内とか，引用のルールはそれでいいのかどうか，もう非常に迷ってしまう。今，個人情報が非常に微妙なんでね。そのあたりの基本的な，個人名の入った地図の扱いについて，基本的なところだけ，図書館としての考え方を教えてください。

藤山：まず私たちは，昭和10年代の地図を最初に取り組んだのは，そこの個人情報のところも少し関係しています。やはり現代に近くなればなるほど，現在生きている人たちに影響を及ぼす情報が含まれている可能性もあるので，そうなるとすべて，1軒1軒許諾を取らないといけないということになりますので，そこは配慮をして，昭和10年で基本的には商店名だったり，個人が特定されない情報について，もともと中町住民図と上町住民図と，どちらも有志の方たちがグループで作って公開されていた情報でしたので，二つをデジタル化というか，合体させるときにそこを確認しながら進めていっています。実際，展示活動で寄せられる情報を追加するんですけれども，それを改訂する際に，個人，現在の方につながる特定のものに関しては詳細に記入することはしないようにしています。

コミュニティアセットと人々の記憶を未来につなげること

永田：アセットという言葉について，後藤先生がきちんと引き受けていただいて，コミュニティの人々の記憶，その意味を見いだし，価値を発見することで，コミュニティアセットになるよという説明をいただきました。そのアセットをベースに，

人々が未来につなげる思考ができるということなんですね。その未来につなげる思考ができる過程で，デジタル化というものがあって，デジタル化したものによって人々に普及すれば，ひょっとすれば国外からだって意見が得られるよというようなお話もありました。世の中で，価値がはっきりした資料をデジタル化して広げようという行動があります。しかし，価値がはっきりしているので，皆さんの注目をひかない，あるいは個々の図書館としてその活動をやっても，ほとんど成果というか，まちの人々の評判を取らない。まちの人々の顔をこちらに向けてもらうためには，今回の都城市立図書館のような試みのほうがずっと効果があるし，また意味もある。このような議論については，後藤先生はどういうふうにご覧になってますか。

デジタル化の価値とタイミング
後藤：ある種の資料群をきちっとデジタル化していくという行為自体は，それはそれでやはり求められるべきものです。ただ問題は，それをどのように使っていくか，もしくは使ってもらえるようなしかけをどのようにやっていくかっていうことだと思うんですね。それはまさに，ニワトリが先か卵が先かみたいな話になるんですけれども，一方で都城市さんがやっておられる活動を，データとして広げていくというような形で，より豊かな情報にしていく。先ほどの話では粗いというような，まだまだ展示するには粗いというお話がありましたけれど，私が拝見している限りだと，そんなとんでもない，すばらしい成果だと思っています。そういうものをきちっとデータとして，う

よく載せていくモデルができるといいのかなと，うまく答えに
なっていないと思いますけれども，まずそのあたりかなと思い
ます。資源としては，今の社会的状況に鑑みる限りは，どこか
の段階でデジタル化というか，デジタルデータをうまく展開し
ていくというのは必ず求められることでもありますので，それ
をどのタイミングで持っていくかっていうことになるのかな
と思います。

永田：おっしゃるとおりなんですが，現場的に考えると，都城
市さんのやっているような展開があって，そしてデジタル化し
ていくという次のフェーズがあるみたいな気もするし，いや，
もう遠慮なくデジタル化したほうがいいんじゃないのかなと
いうこともあると思ったりもするんです。どうでしょうか。

後藤：身も蓋もない言い方をしてしまうと，かけるコスト次第
という側面があるのは確かなんです。まさに先ほどの価値とい
う観点からいっても，これはデジタル化するためのコストをか
けるだけの価値があるのかどうか，ということは当然問題にな
ります。おそらく今の都城市さんのような活動をされていると，
「やっぱり 50 年前のものって大事なんだね」という，まず一
般的な理解みたいなものが広がってくると，もう一挙に，とり
あえず 50 年前の重要そうなもので，可能なものはまず簡易な
形でもいいのでどんどんデータ化しよう，特に最近は，スマホ
で撮ってもかなり高画質のものを撮れるので，例えばそういう
ような形のものであってもいいと思います。

　われわれの与論の活動のほうでも，実際に現地で展示をする
ときも，データ化したものをもう一遍プリントアウトしてます

ので，基本的にはとにかくまずスキャンして，データを作るというところからスタートしてるんです。ただそれはある意味では，私のような研究者が，これが大事ですと先に言ってしまうから成立するという側面もないわけではなくて，そこは難しい部分がないわけではないです。ただ最初の段階，なかなかわかってもらえない段階では，先ほどの私の循環の図でいうと，走り始めるときが一番重いので，最初の重い部分は，きちんと価値づけて活動していくというのが重要なのかなと思います。回り始めるともう何もしなくてもどんどん回っていくので。

デジタル化は地域情報が集まるきっかけになった

永田：今，先生がおっしゃったように，あるいは他の都市の記憶のアーカイブつくりなんかで，スマホだとか，あるいは過去に撮った写真をデジタル化するとか，そういうようなことで都城のようなプロジェクトもできますよね。そういう意味では，少し間口を広げてもいいのかなと思います。どうでしょうか。

藤山：活動を続けるなかで，皆さんから寄せられた情報をもとに，最初，白い地域だったり，不確定要素を色分けして表示してたんですけれども，そこがだんだん3回の展示活動で埋まっていきました。ただ，やっぱり間違いはあるでしょうし，今動いている段階なんですけれども，私自身は，地図は皆さんが可視化するためのツールとして，実際のところ成果としては重要視していません。最初の話の中で言ったんですけれど，形にして，またそれを形でないものとして地域住民に返すっていう活動のほうが，図書館員としての私は今の活動の中では重要視し

ている。資料的価値として残すものは残さなければならないという地域住民の意志があれば、自然発生的に残っていくんじゃないかと思っています。

　ただ、デジタル化ということに関してはすごく重要視していて、物的なものとして残すことも大事ですが、これが手書きの地図でできるかというとたぶん無理で、個人の意思が入ってしまう。合体させてデジタル上の地図として、ワークショップで使ったことによって、さらに広範な地域の情報が集まるきっかけになったと思いますし、写真も昔になればなるほど、写真自体のサイズが小さくなるので、それをデジタル化して大きくすることで、背景にあるものが見えたりすることで、記憶の扉が開くということがあります。デジタル化で媒体を変換していくことは、活動の中で私たち自身も発見もあるし、参加される方たちにとっても、新たに歴史情報を、本を見ることでしか知ることができ得ないと思っている方たちにとって、ハードルを下げる、すごくいいきっかけになるんじゃないかなと思っています。

地域の人々と今の歴史をアーカイブすることは新しい歴史学

永田：もう一つ後藤先生にお伺いしたいのは、こういうまちの記録を取りまとめて、パブリックな歴史をつくるという試みは、どのように歴史学のほうでは位置づけられているんでしょうか。

後藤：純粋な歴史学の文脈においては、比較的最近の試みだと思っています。例えば地域の方が関わって、聞き取りであると

か，そのようなことをした成果が，自治体史に載るとかということはこれまでもあったわけなんですけれども，それは基本的には歴史学よりは民俗学が得意としてきた部分であるし，歴史学の側ではあくまでもその自治体の人が聞き取って，それを一旦何らかの形で編集して公開するみたいな形だったんですよね。現実的には見せるという観点で難しい部分はあったんです。実際に地域の方々が，過去の記憶みたいなものを，例えば付箋で，先ほどの「この人は誰だ」みたいなことを論争するとか，そういうようなものまでむしろ展示として見せてしまうというモデルは，やはり本当に新しいんだと思っています。

　おそらく重要なきっかけになっているのは，東日本大震災がやはり大きかったんだろうなと思っています。多くの人が被災して，今のわれわれの記憶や記録をどう残すかという問題が，一挙に自分のことになったのは間違いないですね。大災害が起こるというのは，もちろん大地震だけではなくて，大水害であるとか，宮崎県は，私も特に県北のほうは，現在いくつかお伺いしたりしておりますが，やはり津波はすごく意識されますし，水害も強く意識されます。大災害が起こってしまうと，1週間前のことがすごく重要な記憶，残すべき記憶になるんですね。もちろん今，実際，日頃生活していてもそうなんですけれど，そういう日常が大きく変化する瞬間というのは，ちょっとした過去をつなぎとめる，意識する瞬間になるのは間違いない。そういう状況が日本列島のどこででも生まれうるんだということになったときに，現在のアーカイブはすごく重要なんだと新たに認識されてきているんだと思います。

　特に歴史学でもまさに今の歴史であるとか，少し前の歴史を改めてアーカイビングしようと考え始めたのも，ここ 10 年のことです。地域の人々とともに，歴史を理解してつくっていくとか，ともに資料を守るというのも，私の立場は博物館ですので，どうしてもモノを守るというのがセットの思考になるわけなんですけれども，地域の人とともに守る，それも資料だけじゃなくて文化もともに守るということを考えるというのはここ 10 年ぐらいのことかなと思います。なので，むしろそういう，非常に新しい取組みを実践されているのだなと理解しております。

シンポジウムを振り返って

永田：人々自身が記憶の中できちんとそれを受け止めて，歴史にするというような動き，それが最近の動向と伺っております。今日のシンポジウムも，もう残すところわずかな時間しかなくなってきましたが，ここでご登壇いただいたそれぞれの方々に，このシンポジウムを振り返って一言いただきたいと思います。よろしくお願いします。

過去を振り返って未来が見えてくる

井上：非常におもしろい切り口のシンポジウムだったんですけれど，やっぱり都城の事例でいくと，はたして，アセットという横文字と，コミュニティという言葉とですね，都城は横文字じゃないなというか，もうちょっとアナログっぽいなっていう感じはしています。理由は，先ほどの森田さんが言われていま

した。まちそのものが記憶でできているという表現をされていました。私も同感です。ですから，過去を振り返って足元をじいっと見つめていくと，未来が見えてくるっていう感覚が非常に強く，今でも感じているんです。今回の取組みは，一つはデジタル化というのも大事で，もちろんデジタル化しています。すべての図面・地図でデジタル化しているんですけれども，それをアクセスできるように公開するかどうかは，ちょっと別次元なのかなと考えています。それは，まだ動いている情報が含まれている。あるいは，「想い」のところをどう処理するのかとか，そういったものもあるので，これからその議論に入っていくのかなという感じはしています。ですけれども，本当に足元を見るいい機会でした。ありがとうございます。

人の記憶の温度感を共有する
藤山：私も，今このタイミングで振り返ることができて，本当によかったと思っています。来月からまた第3弾のまちなか記憶展を開催するんですけれども，同じようにいろいろな地図だったり写真だったり，アーカイブを通じて，地域住民との関わりをつくる事例というのは，すでにたくさん先行事例や先進事例があると思うんですけれども，もし私たちが何か違うとしたら，人の記憶の温度感を共有したい。温度感を共有することで，地域の文化というものの大切さを感じるきっかけにもなるでしょうし，そのきっかけですね。一番最初のポンチ絵に戻りますけれど，やっぱり気づきを人が得なければ，何事も動きにつながっていかないんじゃないかなと思うんです。それがまちの

活性化だったり元気につながるからこそ，アーカイブは大切だという理屈につながるんじゃないかなと，今の途中経過としては，そんな感じです。

多様なものを多様と認め合うデジタル社会

後藤：私自身も今回，都城市さんの話を聞き，すごく勉強になりましたし，先ほど最後におっしゃられた，温度感の共有みたいなものを大切にしていくというのは，極めて重要なことなんだろうなと思っております。私も専門がデジタルですので，デジタルってどうしても冷たく見えてしまうのですが，私自身は，未来のどこかでは，デジタル社会のなかであっても，多様なものを多様と認め合うデジタル社会とか，データで画一化されないコンピュータ技術とか，そういうものをちょっと遠い未来の社会としては考えたいと思っているんです。そのなかに文化データとか，文化資源の，私の文脈からいうと，文化資料の適切なデータ化，コンピュータ利用があるんだろうなと，私自身の研究としては考えています。

　もう少し都城市さんの話に広げると，そういう地域の固有性であるとか，人々の温度感みたいなものを大切にしながら進められているということは，本当にすばらしいと思いますし，その温度感みたいなものが，まさに，私は資産でもアセットでも，もしくは価値でもいいと思ってるんですけれども，そういうものになっていくし，おそらくそれがここに住んでいたいなとか，住んでよかったみたいなところにも，どこかでつながっていくんだろうなと思っています。人がそこを選ぶ，その人生の時間

を過ごすみたいな感じですかね。それを選ぶ材料みたいなものがあるといいのかなと思っていますし，それが歴史や文化である，都城市さんはすごくすばらしい存在だと思います。歴史文化を研究する立場からしても，ある意味心強いと思うところであります。

謝辞

永田：コミュニティアセットというカタカナをまた使って，あれ？という思いをしつつ，最後には落ち着いた日本語になるというところを狙っています。しかし，今回の都城は right place だったと思います。ここを選んでよかったと思っています。もちろん他の地域でもいろいろなことが行われていますので，今後そういったところにもお伺いしてできればと思います。3時間弱お付き合いいただきまして，あっという間に時間が経過しまして，終了時間になってしまいました。本日はご参加いただきました後藤先生をはじめ，ご登壇者の御三方，大変ありがとうございました。シンポジウムの運営に関わった方，大変ありがとうございました。

【追記】

シンポジウム開催中に回答できなかった，参加者からの質問については，当研究所 Web サイトにて下記のとおり回答した。

| **質問 4**：昭和以前の情報源として地方新聞のデジタル化が有効だと思うのですが，個人情報や著作権などハードルがいくつもあります。うまい解決法がないものでしょうか？ |

《課題整理》

（1）　入手困難で貴重な地域資料等については，「図書館資料の保存のための複製」であれば，著作権法に基づき著作権保護期間内でも許諾なしでデジタル化が可能（参考：「美術の著作物の原本のような代替性のない貴重な所蔵資料や絶版等の理由により一般に入手することが困難な貴重な所蔵資料について，損傷等が始まる前の良好な状態で後世に当該資料の記録を継承するために複製することは，〔著作権〕法第 31 条第 1 項第 2 号により認められると解することが妥当」（https://www.bunka.go.jp/seisaku/bunkashingikai/chosakuken/bunkakai/41/pdf/shiryo_3.pdf）

　　なお，新聞社として，著作権や個人情報等に配慮のうえ，電子版を提供している可能性があるため，状況確認が必要（あれば購入を検討）

（2）　Web 公開には，著作権処理（著作権者等の確認，デジタル化のための複製権，Web 公開のための公衆送信権，必要

に応じてデータの二次利用についての許諾など）や個人情報等への配慮（マスキングや伏字など）が必要

《考えられる対応》

・段階を踏んで検討・対応してはどうか（例：入手困難な貴重な資料であれば失わないようまずは保存のためのデジタル化を進めておく，著作権保護期間を過ぎたものから公開を進める，見出しなどに絞りテキストデータを Web 公開，公開のための伏字・マスキング等の判断，運用の中で随時見直し柔軟に対応，など）

・著作権処理：まずは，新聞社が公開している権利者等の情報の状況確認，新聞社に相談（デジタル化しデータを保存・提供していくために，著作権者への確認時に包括的な権利処理ができるとよい）

・デジタル資料と肖像権に関わる対応：デジタルアーカイブ学会『肖像権ガイドライン』（https://digitalarchivejapan.org/bukai/legal/shozoken-guideline/）を参考にしている事例がある

・必要経費の確保：組織内だけでの予算獲得が難しい場合は，助成金等を活用

《後藤真先生（国立歴史民俗博物館 准教授）からのコメント》

　おっしゃるとおり，地方新聞は地域の情報の宝だと思います。
　電子化のコストという面では難しい部分もありますが，まずは職務著作物としての著作権が切れている 1967 年以前のもの

を対象にして考え，そこから利用価値の高さを認めてもらうことで，展開するというのもありうるかもしれません。

　新聞社さんとの確認は必要ですが，古いものほどクリアしやすくはなりますので，古いものから順に進めることで，やりやすさは少しだけ生じるのではないでしょうか。

　なお，ご存じかもしれませんが，神奈川新聞さんは古い写真のアーカイブを公開したりしています（https://kanagawa shimbun-archives.jp/）。このような流れを応援することも重要かと思います。

【注・参考文献】

1) 都城市・東京大学史料編纂所の連携による史料画像の Web 公開 －歴史的な史料情報の共有・利活用促進に関する覚書の締結－ https://www.u-tokyo.ac.jp/content/400166669.pdf（参照 2023-03-31）

2) 与論島で「島の自然と暮らしのゆんぬ古写真展」 AI でカラー化した古写真も（奄美群島南三島経済新聞 2022.02.25）. https://amami-minamisantou.keizai.biz/headline/115/（参照 2023-03-31）

3) 島の自然と暮らしを考えるゆんぬ古写真調査. https://yunnu-photo.org/（参照 2023-03-31）

4) ウェブ情報の意味（semantics）をコンピュータが検知できるようにして，情報収集・利用の高度な自動化を図る技術。ウェブを発明したティム・バーナーズ＝リーらが 2001 年に構想を公表した。

5) 国立歴史民俗博物館. 総合資料学情報基盤システム（khirin,（Knowledgebase of Historical Resources in Institutes））. https://khirin-ld.rekihaku.ac.jp/（参照 2023-03-31）

6) International Image Interoperability Framework の略。画像を相互運用するための国際的な枠組み。

7) みんなで翻刻. https://honkoku.org/（参照 2023-03-31）

8) 株式会社マナビノタネ代表取締役。都城市立図書館は，株式会社マナビノタネ（代表団体），株式会社ヴィアックスの 2 社（シンポジウム開催時点。2023 年 4 月より株式会社コードマーク都城が加わり 3 社）による事業体「MAL コンソーシアム」によって管理運営を行っている。

「地域の記憶を　地域の記録へ」
地域住民と歩む北摂アーカイブスの取組み

青木　みどり

・・

　図書館では，出版物にもなく Web 上にも存在しない地域の歴史を，長年地域で暮らす方々から伺う機会があります。「どうすれば地域に眠る貴重な情報を収集・整理して公開・発信できるのか」，この図書館によくある悩みがきっかけで，平成 22 年（2010 年）3 月，豊中市立図書館は地域住民とともに，「北摂アーカイブス」をスタートさせました。

　そして，「地域の記憶を　地域の記録へ」というコンセプトのもと，地域情報の百科事典のようなホームページを作り始めて，今年で 13 年目になります。

　ホームページの写真データ件数は 900 件を超え，その積み重ねで出来上がった写真パネルが約 100 枚以上になりました。

　この 13 年の間でも，地域の風景，まちなみや建物が変化し，これからもどんどん変わっていくことと思います。そして，北摂アーカイブスの取組みも，時代の変化に対応して地域の記憶を記録し，今後も紹介し続けていければと思います。

・・

1. はじめに

　令和2年（2020年）4月から岡町図書館で，レファレンス業務担当と北摂アーカイブスの事務局を兼任しています。本題に入る前に，豊中市立図書館がある豊中市の概要についてお話しさせていただきます。

　豊中市は，大阪府の北部に位置し，人口約40万人の中核市で，都市圏にアクセスしやすい郊外住宅地として発展してきました。あまり知られていないのではないかと思いますが，高校野球発祥の地でもあります。高校野球といえば甲子園ですが，甲子園で行われるようになったのは，大正13年（1924年）の第10回大会からで，実は第1回は，豊中グラウンドで行われました。今はメモリアルパークになっています。また，豊中グラウンドは，高校ラグビー，高校サッカーの発祥の地でもあります。

　豊中市立図書館は昭和20年に開館し，今年で77年になります。私の勤務する岡町図書館は豊中市の真ん中あたりにある，中央館的な役割を担っている図書館で，その他に三つの図書館と四つの分館，一つの分室や図書室，そして移動図書館があります（2022年10月31日時点）。なお，移動図書館も歴史が古く，昭和25年から巡回を開始し，今年で72年になります。

「地域の記憶を　地域の記録へ」

地域住民と歩む北摂アーカイブスの取組み

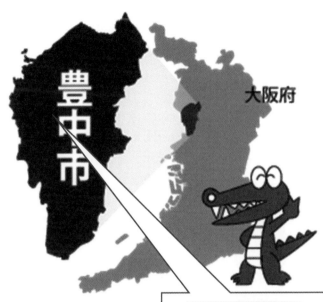

豊中市

大阪府

豊中市立図書館

個人登録者数	140,454 人
（登録率 35.1%）	
蔵書冊数	1,045,857 冊
年間貸出人数（個人）	902,477 冊
調査相談件数	79,751 件
職員数（うち常勤）	109(42)人
図書購入費	73,424,493 円

「豊中市の図書館活動　令和3年度版」より

昭和20年代の岡町図書館(上)と
移動図書館(下)

図1　豊中市の位置

105

2. 北摂アーカイブスを立ち上げた経緯

　北摂アーカイブスを立ち上げた背景として，どこの図書館で
もよくある質問がきっかけとなりました。

　「子どもにもわかる地域の歴史の資料はないですか」など，
地域にまつわる質問は，子どもたちをなかなか満足させること
のできない図書館泣かせの問題です。縄文時代の遺跡など，比
較的子ども向けの資料が揃っているものは，紹介すると，知り
たい情報が手に入り，満足して帰ることもありますが，そのよ
うなケースは少ないのではないでしょうか。

　地域の歴史資料というと市町村史を思い浮かべます。ただ，
子どもたちにとって地域の歴史を調べるとは，おじいちゃんや
おばあちゃん，お父さんやお母さんが子どもの頃の様子，つま
り「昭和」，さらに，今住んでいる地域のくらしの歴史が知りた
いのです。

　確かに，当時の家電製品の写真や情景が掲載された子ども向
けの資料は数多く出版され，その資料を読んで，当時の様子を
理解することはできます。しかし，それは自分が住む地域とよ
く似た風景にすぎず，身近な人から聞いてきた地域のイメージ
とは異なるため，子どもたちにとっては納得がいかない，つな
がりが感じられないのでしょう。腑に落ちない様子で，「思っ
ていたものと違った」と，帰っていくことが多くありました。

　一方で，レファレンスのカウンターで業務をしていますと，
長年地域で暮らす方々から，お話を伺う機会に恵まれることが

多々あります。図書館ができる前の地域の様子や，図書館周辺
にある道標など，地域にまつわる逸話や思い出話などをお話し
していただきました。そこには，出版もされていない，インタ
ーネット上にも存在しない，貴重な地域の歴史にまつわるお話
が，カウンター越しに展開されていました。カウンターで子ど
もたちに尋ねられた事柄の回答が，こんな身近なところにあっ
たことに気づかされたものでした。このことは，豊中市立図書
館が，昭和 20 年より設置され，豊中市民にとって図書館は地
域の身近な存在として根付いており，地域情報を収集，整理保
存して提供する場であることも肌感覚で理解されているので
はと思われます。

　「地域情報は住民のなかにある」という北摂アーカイブスの
原点はこのような図書館の日常業務のなかで生まれてきまし
た。このような経験を積み重ねていくたびに，子どもたちや地
域住民の求める情報が，図書館内にあるにもかかわらず，結び
つけられていないというもどかしさを感じたものでした。

　このもどかしさを解決するにはどうしたらよいか。当時，「ウ
ィキペディア（Wikipedia）」等の ICT による「利用者参加型」
のコンテンツが広く普及していたこともあり，地域住民がもつ
情報を引き出して，整理して，地域の方々に広げていく方法は
ないか，子どもたちにも理解できる地域資料をつくれないか，
その模索がはじまりました。

　「地域情報は住民のなかにある」という経験を，具体的に見
える形にし，課題を解決していく方法はないか探していると，
財団法人地方自治情報センター（LASDEC）の共同調査研究

（2008 年度）の機会を得ることができました。研究テーマを「住民参加によるウィキ型地域情報データベース構築に関する調査研究」とし，調査を実施しました。ウィキ型データベースの「ウィキ」は，手軽にウェブページを作成・編集できるウィキソフトウェアのことです。

共同調査研究団体として，豊中市と隣接する池田市，吹田市，箕面市及び東京都三鷹市。三鷹市は，ICT 導入に先進的な取組みをされていたので，声をかけて参加していただきました。助言者には，学識経験者や法人，市民団体，協力者として民間企業，先進的に地域情報の発信に取り組んでいる方を講師としてお招きし，毎回，異なるテーマで調査研究の発表と議論を行いました。図書館の役割の変化が求められていること，ICT による「利用者参加型」のコンテンツが世間に広がっていることから，地域住民が主体となって，情報の収集・整理・発信が実現できると考え，研究を進めました。

ウィキのメリットとしては，情報を出したい人が直接更新して自由に情報発信できることであり，その利点を生かして，多くの情報を集め，地域情報をリアルタイムに，情報の更新頻度を上げることを第一に考えました。地域情報と地域住民，図書館と ICT が融合することで，相乗効果が期待できます。

次に，ウィキ型地域情報データベースの構築を進めていくために，その実現性と，付随する問題点や解決策について取り組みました。

まずは，ここ（図 2）にあげている八つの課題を想定し，その解決方法を考えていきました。

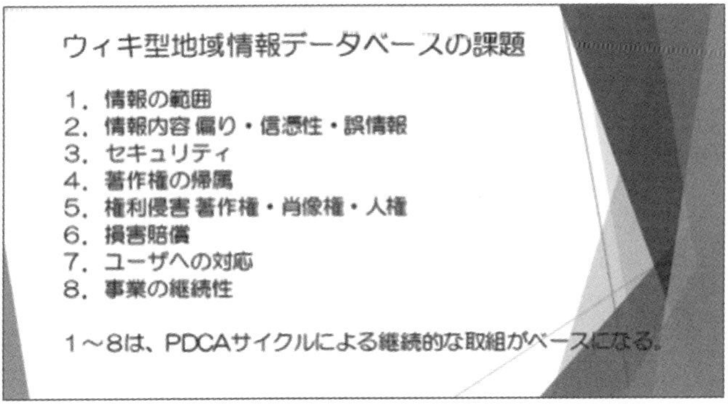

図2　ウィキ型地域情報データベースの課題

1～6 については，サイト利用規約を規定することにより，運営者としての責任範囲を明確にすることで解決が図れると考えました。

「7. ユーザへの対応」については，運営マニュアルの作成やFAQ の設置，「8. 事業の継続性」については，人材育成と広告による収入を得ることで克服できると考えました。

サイトを設立し，運営をしていくにはさまざまな問題が生じることが予測されますが，住民とともに，サイト利用規約の制定やマニュアルの整備を行い，PDCA サイクルに基づく実施計画で，継続的な取組みができると思い至りました。

また，多くの人が，何かを調べたいときにインターネットを使って検索していることを念頭に入れ，知りたい情報を見つけやすくすることが大切で，住民参加型の情報システムは，住民の理解と視点にたったものでなければならないことを踏まえ，

そのモデルと導入ステップを示して1年間の研究を終えました。

3. 北摂アーカイブス始動

　北摂アーカイブスは，平成21年度文部科学省「図書館・博物館における地域の知の拠点推進事業」という補助金を受けてはじまりました。LASDEC の共同調査研究と同時期に，更新時期にきていた図書館システムのリプレイスを並行して行い，事業名を「地域情報アーカイブ化事業」としました。

　従来の図書館の蔵書管理システムに加え，「地域情報を収集・保存し，公開・発信できる図書館システム」をコンセプトとしたシステム構築を行いました。

　この事業は，地域に点在している地域情報を収集することから，図書館だけの取組みでは難しかったので，LASDEC の共同調査研究に参加していただいた自治体，地域住民や NPO，学校に参加を呼びかけました。隣接市と共同研究を積み重ねたことで，地域情報が行政区域で分かれるものではなく，またがって共有されており，共同で行う必要があると考えたからでした。呼びかけに応じてくれた箕面市とともに豊中・箕面地域情報アーカイブ化事業実行委員会を設置し，両市の図書館を事務局としました。この委員会を中心に，「住民参加」，「ICT 活用」，「広域連携」をキーワードに約7か月間，毎月委員会を開催し，

ホームページ公開をめざして，議論を重ねました。

　この事業では「地域の記憶を　地域の記録に」の理念のもと，だれもが地域を知り，学ぶことができるよう，各家庭や，市役所，企業などさまざまなところでお持ちの写真を収集してデジタル化を行い，インターネット上の「みんなでつくる地域の百科事典」制作をめざしました。

　事業化するにあたって，まずサイト利用規約の整備を行いました。資料提供する際の注意事項をできる限り簡潔に，サイト運営者としての責任，著作権の活用範囲を明確化することに重点をおいて議論しました。次に，取り扱うコンテンツの範囲や内容を決定し，住民や民間企業の方に依頼するための，写真や資料等の募集要項も作成しました。

　また，この事業を一緒に取り組む住民の募集も行いました。この事業を一緒に取り組んでいただく方々をどのような名称とするかで多くの意見が出されました。当初事務局としては，自発的に参加するという思いを込めて，「市民ボランティア」で募集要項を作成しました。しかし，委員から，「ボランティアという言葉は，使いやすい無償の住民という意味合いを強く感じる。サポーターがいいのではないか。」という提案が出されました。この提案を受け事務局として再考しましたが，「住民参加」・「市民が主役」を掲げながら，「サポーター」とすることには，どうにもしっくりときませんでした。これでは参加する市民は図書館事業を支える人々になってしまうのではないか，自発性や市民が主役という意味が薄れるのではないかと思い，もっと適切な言葉はないか考えました。

そこで，市民自らが地域情報を作成・発信を担っていくこの事業は，主として写真を取り扱うことから「フォト」と，編集者を意味する「エディター」を組み合わせ，「地域フォトエディター」と新しい言葉をつくり，「市民サポーター・地域フォトエディター」という名称で，広く人材の募集をはかりました。

4.　現在の活動

当初立ち上げた実行委員会は役目を終え，現在は，事務局と地域フォトエディターが二人三脚でこの事業をすすめています。北摂アーカイブスの活動は，主に，Web ページの更新，写真展，講演会，まち歩き（とよ散歩）です。

Web ページの更新は，新しい画像やブログの更新，新たな機能の追加を行っています。図書館に寄贈いただいた写真などをデジタル化して登録したり，昔の写真と比較するのに，日々刻々と移り変わるまちの今の風景を撮影して公開したりしています。

地域フォトエディターは，Web ページを更新するためのユーザ ID とパスワードを個別にもち，ログインしてページの編集作業を行っています。また，データベースはクラウド上にあるので，インターネットがあるところなら，どこからでも編集作業ができます。

写真展は，図書館が主催で開催することもありますが，当市

役所の他の部局や，自治会などの地域団体，民間企業など，さ
まざまなところで依頼があり，写真パネルを貸し出したり，写
真データの送付などを行ったりして協力しています。

　写真パネルは，写真展や講演会などテーマに応じて新たに作
成し，今では100枚以上あります。写真を大きく引き伸ばした
ものに，キャプションや地図，比較できるように今の写真など
を加え，パネルに貼り付けます（図3）。写真展の開催を機に，
多くの方に知ってもらい，大きいサイズにプリントした作品を
実際に見て，体感してもらいたいと思っています。

図3　写真パネル作成の様子

　講演会は，豊中にゆかりのある事柄をテーマに，講師を招い
て開催しています。

　例えば，2015年のラグビーワールドカップで，ラグビーが

注目された時は，豊中市が高校ラグビー発祥の地だったことも
あり，川村幸治氏（大阪国際学園副学園長，元布施工業高等学
校（現・布施工科高等学校）ラグビー部監督）をお招きし，ラ
グビーの講演会を行いました。また，2019 年度には，代々豊
中に住まわれている市民の方に，その地域の昔あったことをお
話ししていただいて，聞き書きし，聞き取りした資料を図書館
資料として残し，活用するという新たな試みを行いました。

図 4　情報収集もかねて市内をまち歩き

　まち歩きについてですが，豊中市の「豊」をとって，「とよ散
歩」という名称でまち歩きを行いました。
　2017 年，2018 年に，まち歩きとウィキペディアの編集を組
み合わせたウィキペディアタウン（その地域にある文化財や観
光名所などの情報をインターネット上の百科事典「ウィキペデ

ィア」に掲載するイベント）と，ウィキペディアの地図版ともいわれている「オープンストリートマップ（OpenStreetMap）」を使った地図づくりを開催しました。

　きっかけは，オープンデータ京都実践会のメンバーと出会い，一緒にイベントをやりませんかと声をかけてもらったことから始まりました。「NPO 法人とよなか・歴史と文化の会」という市民ボランティア団体に，まち歩きのガイドをお願いしました。

　2017 年は「高校野球発祥の地記念公園」（図 5），「豊中稲荷神社」，「瑞輪寺（豊中市）」。2018 年は「穂積村囲堤」，「服部天神宮」（図 6），「忍法寺（豊中市）」のページを編集しました。

図 5　高校野球発祥の地記念公園　　図 6　服部天神宮

　その他に，写真集の出版の協力も行いました。樹林舎から出版されている『豊中市の昭和』という本では，出版するにあたって，写真データを提供するとともに，出版社が独自に集めた写真にキャプションをつけるための調査や校正にも協力しま

した。

　地域フォトエディターの活動については，Web ページの更新の他に，データベースの維持・管理を，事務局と共同で行っています。また，昔の写真などをもとに，地域の歴史を調べ，それが現在とどのように関連しているのか考察して調査したものを，写真パネルに作成したり，ブログで発信したりしています。

　その他，月に１回定例会を開催し，事務局からの報告や，地域フォトエディター間で情報共有を行ったり，今後の企画を相談したりしています。時間の都合などで，その場で話せなかったことは，メーリングリストで情報を共有しています。地域フォトエディターは，手先が器用な方，文章校正に慣れた方，SNSを普段から発信されている方，まち歩きが好きな方，いろいろな方々がおられ，それぞれが得意なこと，好きなことを活かして活動しています。無理のない程度に，ゆるく集まっているのが，続いているコツだと思っています。

図７　月１回の定例会

5. 公開写真データ件数とアクセス件数の推移

　北摂アーカイブスは，2010 年にホームページを開設しました。下記二つのグラフは，豊中市立図書館が毎年発行している，『豊中の図書館活動』の統計を使用しています。

　グラフ図 8 は，過去 13 年間の公開写真データの推移です。グラフ図 9 は，公開写真データとアクセス数の推移を表しています。

　過去に 2 回，アクセス数の統計手法を変更しているため，過去 5 年分となっています。2020 年春から，公開システムの改修工事で編集システムを停止していたため，公開件数の増減はありませんでした。

図 8　公開写真データ件数の推移

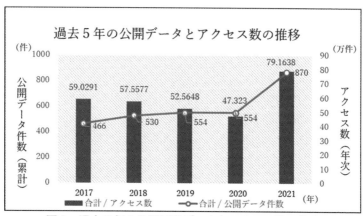

図9　過去5年の公開写真データとアクセス数の推移

　2021年は，システム改修が終了し，ホームページも一新（図10），「千里丘陵」というコレクションを新設し，写真を大幅に追加しました。

　千里丘陵コレクションとは，1964〜1970年の千里の姿が収められた産木民彦（うぶき・たみひこ）氏の写真集『千里山』から，161枚の写真を公開しています。

　北摂アーカイブスは，市民が主体となって活動しています。その年によって，活動できる人数などの増減もあり，グラフの増減の傾向について，一概には言えませんが，公開件数が前年と比較して多い年は，アクセス数が増加傾向にあると思います。

図10　新しくなった北摂アーカイブスのホームページ

<https://hokusetsu-archives.jp/cms/>

6. まとめ　一枚の写真から繋がるひとと地域

　地域情報アーカイブ化事業イメージとしては,
① 住民がもつ情報を地域フォトエディターがキャプションなどを加えて, デジタルデータとして Web ページに公開。
② これらのデジタルデータを使って, 図書館や地域の行事として写真展を開催し, 直接, 写真を見てもらう。
③ また, いただいた情報や写真をもとに, まち歩きをして実際にどんなところか実体験で体感していただく。
　これらの経験を, 改善を図りながら積み重ね, 循環させる,地域の知が循環することで新たな価値の創造が生まれる。知のサイクルを回すことが大切だと思っています。

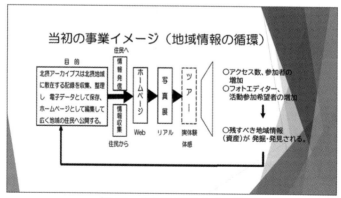

図 11　当初の事業イメージ

　この事業を通じて感じることは，何か特別なことをしている
のではなく，日常の業務や，いろいろな方と関わっていくなか
で，さまざまな課題に対して，試行錯誤を重ね，今があるとい
うことです。

　たまたま，別の仕事で，高齢福祉を担当する部局と，同席さ
れていたデイサービスセンターの方とお話をする機会があり
ました。北摂アーカイブスの宣伝をかねて，サイトの紹介や，
古い写真の大きなパネルもいろいろあり，借りられることをお
伝えしました。昔の懐かしい写真や音楽，昔使っていた馴染み
深い家庭用品などを，見たり触れたりしながら，昔の経験や思
い出を語り合う，回想法という一種の心理療法があるのですが，
わたしの頭の中には，この回想法に，北摂アーカイブスの写真
を使ってもらえないか，という思いがありました。その話を聞
いてデイサービスセンターの方は，現場でテレビなどの映像を
よく活用していて，見たいものを簡単に取り出して見られるも
のがあれば，使ってみたいとおっしゃられました。

　この話を持ち帰って，定例会で，地域フォトエディターさん
に相談すると，「前に一度調べたものを，もう一度，探し出すの
は労力がかかるよね。」「サイトの利用者が，お気に入り機能を
使って，使いたい写真をストックできれば，便利だな。」と話し
合うなかで，いろいろなアイデアが出てきました。

　サイトの利用者にどうしたらより便利に使ってもらえるの
か。パソコンやスマホの使い方が得意でない方にも，気軽にサ
イトを利用してもらえるように何かできないか。オリジナルの
写真集や教材などが簡単に作れるような，お気に入り機能やス

ライド機能を増やしたのも，このような，自然な会話のなかから生まれたアイデアでした。

　地域フォトエディターさんとの会話のなかや，日々の出会いから，いろいろな思いや課題に直面して，身近な着眼点を大切にしながら，一つずつ工夫し，経験を積み重ね，今日に至っています。

　図書館職員の，子どもたちにも理解できる地域資料をつくれないか，という思いから，北摂アーカイブスは，「地域の記憶を地域の記録へ」の理念のもと，今年で 13 年になります。昨年の主な活動として，ホームページを一新し，お気に入り機能やスライド機能などの新機能が加わりました。また，他部局から北摂アーカイブスへの参加があり，豊中と吹田をまたがる千里ニュータウンや，1970 年の大阪万博の建設現場などの写真データをいただいて，Web ページに追加しました。

地域歴史（資産）を継承する

　古文書や美術品などは大切に保管され，保存するのは当たり前という意識は皆さんのなかにもあるかと思います。しかし，実のところ，普段の生活にまつわるものは資料としてあまり残っていないのではないでしょうか。写真をデジタル化し，当時生活していた方々に取材，調査して，周辺情報といった，メタデータとして付加することで，当時の写真を価値ある資料として，活用していただくことができます。

　地域歴史（資産）は 生活やまちに密着したさまざまな思い，日々の営みが積み重なってつくりあげられる，まちの文化だと

思っています。将来に地域の歴史を継承していくためには，地域の協力が欠かせません。

　生涯学習の場として，また地域を支える情報拠点として，地域資料を収集・提供していくことは図書館の基本的役割です。

　図書館に集まる地域資料は，一番身近にあるものがゆえに，失われるものも多いです。地域に関する情報提供は，その地域の市民をサービス対象とする公共図書館が行う重要なサービスです。

　情報拠点としての図書館が，人と文化を育てる拠点となり，機能していくためには，利用者である市民の立場からの拠点をつくり，運営していく視点が大切だと思っています。お互いを理解し，協力関係を築くことで，新たな発想が生まれてきます。

　図書館は，新たな知識・知恵とコミュニティ創出（化学反応）の「場」として，知的創造活動を支援し，地域を支える情報拠点の役割が，ますます求められています。

クラウドソーシングが
不可能を可能にする
～ライドシェアから図書館まで～

森嶋　厚行

筑波大学 図書館情報メディア系 教授

本稿は，2022 年 4 月 18 日にオンライン開催した，未来の図書館 研究所 オープンレクチャー「クラウドソーシングが不可能を可能にする ～ライドシェアから図書館まで～」の講演記録を再編集したものである。講演では，クラウドソーシングの本質とこれからの社会へのインパクト，この分野の魅力を紹介し，図書館における今後の可能性について議論した。

1. はじめに

　私はコンピュータサイエンスの人間でございまして，筑波大学の図書館情報メディア系に来てから，図書館の方々と一緒にお仕事させていただくことも増えて参りました。とはいえ専門家ではございませんので，皆さんのほうがいろいろ詳しいこともたくさんあると思いますので，教えていただければと思います。

　これは Google のミッションです。「Google の使命は世界中の情報を整理し，世界中の人がアクセスできて使えるようにすることです」[1]。これと非常によく似た文面がございます。世界中の人々ではなくて，国民ですけれど，「すべての国民は，いつでもその必要とする資料を入手し利用する権利を有する」[2]（「図書館の自由に関する宣言 1979 年改訂」）。まったく同じなんですよね。インターネットが出てきて以来，図書館というもののミッションと，IT と申しますか，こういうインターネットであったり情報検索エンジンというものが，非常にオーバーラップしてきているという意味で，私どもはエキサイティングな激動の時代のなかにいるのではないかと思います。私の個人的な意見としては，長期的には図書館や IT は共存していく，もしかしたらあまり区別はつかなくなるかもしれないですね。図書館のほうはパブリックである，企業のほうはプライベートでやるけれども，基本的には IT を通じてお互い補い合っているようなことになっているのではないかと思いますが，そうし

たものを皆さんと一緒にデザインしていければいいなと思っています。

2. クラウドソーシングとは

2.1 「0 を 1 にする」クラウドソーシング

今回のテーマ, クラウドソーシング（Crowd Sourcing）です。クラウドソーシングについて話すとき, 私はいつも最初に申し上げているのが, クラウドソーシングというのは非常に数が少ない, 0 を 1 にする話であるということです。今, コンピュータサイエンスの分野では AI ブームでして, AI, 機械学習が非常にトピックになっていますが, 実はクラウドソーシングは, ここしばらくの IT 革命のなかで AI と並んで, いわゆる社会変革のドライバーの一つになっている。ほぼこの二つが焦点であるといっても過言ではないと思っています。例えば, 皆さんよくご存じのウィキペディア（Wikipedia）であるとか, Q＆Aサイトといったものはすべてクラウドソーシングです。日本でも最近一般的になっているクラウドファンディングやウーバーイーツ（Uber Eats）など, 市民が分担するというサービスは, すべてこのクラウドソーシングでして, これがこれからの新しい社会をデザインしていくときの重要な要素を構成するということは, 本当に間違いないと思っています。

最初は初歩的な話から始めたいと思います。クラウドソーシングはどういうものかといいますと，仕事をお願いするときの「不特定多数の人々へのオープンコール」という概念がクラウドソーシングの基本的な考え方です。オープンコール（Open Call）というのは，もともと演劇などで，役者を募集する際に始まったそうです。オープンコールして「やります」と手を挙げた人にお願いするということです。ただし，必ずしもやってきた人がちゃんと働くとは限らない。どれくらいのクオリティかもわからない人が集まってくるわけですが，そのなかで特定の誰かにお願いして仕事をやってもらうというのが，クラウドソーシングの基本的な考えです。

2.2　クラウドソーシングの歴史とメディア

　クラウドソーシングという言葉が出てきたのは，2006 年だったと思うのですが，クラウドソーシングという概念そのものは，昔からあったと申し上げたい。「世界最古のクラウドソーシング」と私が勝手にいっているものですが，それは古代エジプトのテーベ（Thebes）というところで，お店で働いている奴隷が逃げたということで，それを探して見つけたら連絡してくださいという貼り紙です。一般的には「世界最古の広告」として知られているものです。通りがかった人たちに仕事をお願いするという意味で，クラウドソーシングの構成要素を持っている。これを私は世界最古のクラウドソーシングといっています。
　ではなぜ最近急にクラウドソーシングということが注目を

集めてきたのか。それはメディアの発展と非常に密接な関連があります。印刷が可能になり新聞が現れ，そしてテレビが現れ，インターネットが現れた。不特定多数にお願いする人数規模が，非常にスケールアップした。店の前に貼り紙を貼るだけですと，そこに通りがかる人々にしかリーチしないわけですが，新聞，テレビということですと何十万人，何百万人，インターネットですと何億人という人々へリーチすることができるようになったことが一つあります。歴史をみると，テーベの広告の他にもいろいろありまして，1839年の「ペニー・ブラック（Penny Black）」，これは世界最初の切手ですね。郵便のお金を払う方法のアイデアを募集したということです。それから，有名な話は自由の女神ですね。これはクラウドファンディングの元祖で，フランスからアメリカに自由の女神が贈られたときに，台座がなかった。台座を設置するお金がなかったので，それを市民から一般募集したということです。それからトヨタのロゴですね。今のではなく前のロゴなのですが，一般公募されたそうです。

　インターネットが始まると何が起こってきたかというと，双方向でやりとりするコストが非常に小さくなってきた。皆で力を合わせてソフトウェアを開発することや，このあたりになると非常にわかりやすくなってきますが，ウィキペディア，皆で事典を作ることがだんだんできるようになってきた。このときに忘れてはいけないのが，アイデアを集めるコストの低下，人にリーチするためのコストが非常に安くなってきたというのが，非常に大事な二つ目のポイントです。

　さらに，Amazon Mechanical Turk（Mturk）ですね。今ま

ではロゴの募集であるとか，決まった仕事を投げていたわけですが，Amazon Mechanical Turk というのは，マイクロタスクといって小さな仕事を自由につくってお金を払ってやってもらう。例えば 10 円とかで画像 1 枚にタグをつけてもらうといった，非常に簡単な仕事をお願いするインターネット上のプラットフォームです。このように，メディアが発展するにしたがって，リーチする人数の規模が増えてきて，できることの規模も非常に大きくなってきたということがあります。

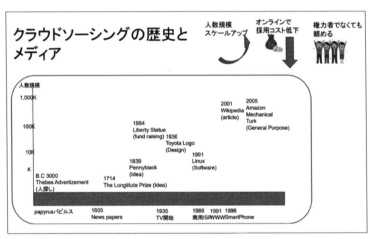

図 1　スライド「クラウドソーシングの歴史とメディア」

　私が実は一番強調したいのが，たくさんの人を集めてきて，その人たちに分担して仕事をしてもらうというのは，ピラミッドを造るということもそうですが，昔は権力者でないとできな

かったことが，今日ではオンラインのプラットフォームができたことで，実は誰もがたくさんの人々に仕事をお願いして，力を合わせて何かやることができる。このような，人類史上初めてのことが起こりつつあるわけです。

2.3 労働のロングテール革命

そして，これによって仕事の構造が変わってきているというのが非常に大きなポイントではないかと思います。先ほど申し上げたように，仕事をお願いするコストというのが圧倒的に安くなったわけですね。正規雇用で仕事をお願いしようとすると，1人当たりに100万円規模の採用コストがかかってしまいますし，アルバイトでも数万円コストがかかりますが，ほとんどタダ同然でインターネット上で仕事をお願いすることが可能になったということがあります。そうすると，社会構造がどう変わるかというと，仕事のサイズが大きく影響を受けるわけですね。採用のコストが，タスクをお願いするコストが非常に高いときには，仕事をあまりに小さくしすぎると採用コストばかりかかってしまうので，ある程度仕事の量を大きくしないといけない。

例えば，週何日はちゃんとその仕事をできるという人でないとある意味仕事としてはやりにくかった。したがって，例えばタクシーであれば，専業のタクシー運転手が担ってきたというところがあります。ところが，仕事を依頼することが非常に安くなってくると，正直その部分がほとんど無料であれば，本当

にちょっとした 1 時間の仕事や，下手をすれば 10 秒の仕事で
も全体としては問題がなくなるわけです。そのおかげで，例え
ばタクシーの場合，タクシーの仕事の単位が「誰かを 1 回乗せ
て目的地に運ぶ」ということになる。

　つまりタスクの単位が非常に小さくなることによって，それ
くらいの仕事であればできるという人が非常に増えることに
なったわけです。したがって，今まではこれくらいの仕事の大
きさを担うことができる人でないと労働力として使えなかっ
たのが，ちょっとだけなら働くことができる人たちが，潜在的
な労働力として出てきたわけですね。これが社会の構造を変え
るということになっています。

2.4　クラウドソーシングの武器

　現在はクラウドソーシングブームのようなものが巻き起こ
っているわけですが，要因は三つあります。

　一つ目は「人材リーチ」です。まわり 10m，100m 見渡して
も私がやってほしい仕事をお願いできる人はいないかもしれ
ませんが，インターネットを通じてたくさんの人にリーチする
ことによって，その仕事をやってくれる人がいるということで
す。例えば，Yahoo!知恵袋ですね。非常に難しい質問を投げか
けても，よくこんなことを知っている人がいるなというくらい，
ちゃんと答えてくれる人がいます。これもかなり話題になった
例だと思いますが，ある高校生が大学選びに悩んで質問した。
そうするとその分野の大学の先生がたくさん出てきて，回答を

したというようなことがありました。そういったことはインターネットがないと絶対起こらないわけですね。

二つ目は「人海戦術」です。たくさんの人に少しずつ仕事を振ることができるので，1日はお手伝いできないけれど5分ならばいいという人が何万人もいれば，1人の人が何日もかけなければできないことができるわけですね。

三つ目は「多様性」ですね。たくさんの人にリーチすることは，いろいろな意見，デザイン，考え方，結果を手に入れることができます。これを利用することで問題解決を行うというアプローチが可能になるわけです。

2.5　ヒューマンコンピュテーションの例

クラウドソーシングと関係して覚えておいてほしい用語「ヒューマンコンピュテーション」を紹介します。ヒューマンコンピュテーションはクラウドソーシングと関係する概念ですが，その関係についてはあとのスライドでお話しします。ここではまずヒューマンコンピュテーションの例を紹介します。

キャプチャ（CAPTCHA）というのは，ウェブサイトにアクセスするときに，悪さをするボット（Bot）とかスパム（Spam）ではなくちゃんとした人間であるということを表明するために，人間でないと難しいことをやらせて，君は人間だから大丈夫というチェックをするためのものをキャプチャと呼ぶんですね。今はAIが進んでしまっていてだいぶキャプチャというものもAIはできるんですが，昔は文字認識ということが苦手

だったので，わざと歪んだ字を見せて認識させるんですね。ちゃんと答えられると人間だとわかってはじめて，あなたはアクセスできますよというわけですね。

　こういったキャプチャというものが広く使われていますが，このスライド（図 2）のものはリキャプチャ（reCAPTCHA）と呼ばれるちょっと特殊なキャプチャで，普通のキャプチャは文字の画像が一つだけなんですが，これは二つあります。なぜ二つあるかというと，実は左は，先ほどの人間かどうか判断するための認証に使うのですが，右は図書館の本をスキャンしてOCR（Optical Character Recognition）がよく読み取れなかったものが入っています。OCR を使ってスキャンするとそんなにうまくいかない。人間が見たら絶対間違えないだろうというものもけっこう間違えるわけですね。辞書に載っていないような単語が出てきたときや，統計的な処理をしてこれはちょっとあやしいぞというものを転送して，人間についでにやってもらうわけですね。実際に Google がリキャプチャを使って，いろいろな図書館の本のスキャンのクリーニングを行っています。これがヒューマンコンピュテーションで，なぜヒューマンコンピュテーションというかというと，人間がする計算だからヒューマンコンピュテーションといいます。

　このヒューマンコンピュテーションというのは非常におもしろい言葉です。なぜかというとコンピュータというと機械のことじゃないですか。だけど実はコンピュータって人間のことだったんですね。教える（Teach）ということをする人をティーチャー（Teacher）というのと同じで，計算（Compute）を

する人のことを，昔はコンピュータ（Computer）といっていたわけです。ですが今はコンピュータというと機械のことを指しているので，わざわざ人間が計算するときにはヒューマンコンピュータということになったという逆転現象が起こっています。人間がする計算のことをヒューマンコンピュテーションというのが，いわゆるコンピュータサイエンスの分野の今の用語の使い方になっています。

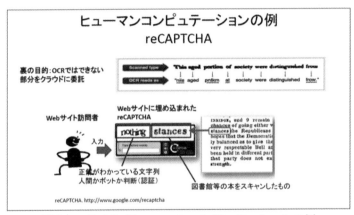

**図2　スライド「ヒューマンコンピュテーションの例
reCAPTCHA」**

2.6 クラウドソーシングとヒューマンコンピュテーションの関係

　クラウドソーシングはオープンコールです。ヒューマンコンピュテーションはオープンコールではなくてもいいんですよ。例えば，専門家の人にこれをお願いしますとやってもらっても，ヒューマンコンピュテーションです。ヒューマンコンピュテーションだからといってオープンコールとは限らない。逆に，オープンコールだからといってヒューマンコンピュテーションとも限らない。例えば，クラウドファンディングはお金を払うだけなので，ヒューマンコンピュテーションではないわけです。クラウドソーシングではあるがヒューマンコンピュテーションではない。似たようで違う概念です。

　クラウドソーシングでありかつヒューマンコンピュテーションであるというのはいっぱいあります。先ほど説明したリキャプチャというのは，クラウドソーシングでありかつヒューマンコンピュテーションです。ヒューマンコンピュテーションの周りにもう一回り大きな囲いがありますが，これは人間による情報処理一般を示しています（図3）。ヒューマンコンピュテーションというのは狭い概念です。コンピュータプログラムを書くのと同じで，これをやってくださいといわれたとおりに人間がやるというのが，ヒューマンコンピュテーションです。例えばウィキペディアの編集は，人間がやっていますが，これやってこれやってと指示しているわけではないので，ヒューマンコンピュテーションではないということになります。

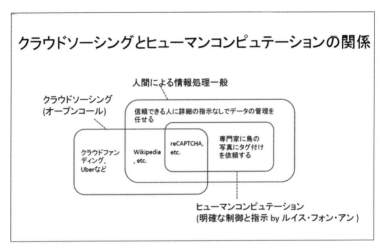

**図3 スライド「クラウドソーシングとヒューマンコン
ピュテーションの関係」**

2.7 ヒューマン・イン・ザ・ループ（AI と人間の協働）

　クラウドソーシング，ヒューマンコンピュテーションと説明
しましたが，もう一つ今この業界でトレンドとされているのが，
「ヒューマン・イン・ザ・ループ」です。どういう意味かとい
うと，人間だけでもない，AI だけでもない，人間と AI が一緒
に問題解決することによって，それぞれが単独では解けなかっ
たような問題ができたりするという考えが，ヒューマン・イン・
ザ・ループという考え方です。

　このスライド（図4）にあるのはヒューマン・イン・ザ・ル
ープのシステムの例なんですが，動画を見てこの人が嘘をつい

ているのか判定をしようとしているんですね。人間が見てわかる人もいればわからない人もいるかもしれない。目が泳いでいるから，声が上ずっているから，など人によって見るところが違うと思いますが，人間は人間なりに判断するわけですね。AIは画像の特徴から判定するわけですが，まずやったのは，嘘を見抜くためにはどこを見たらいいんじゃないかというのを人間に判定させて，そこを使って機械学習というか AI でやる。人間がやる部分と AI がやる部分を組み合わせるというやり方ですね。これを正解率でグラフ化すると，クラウド（人間）だけ，AI だけ，クラウドと AI の組み合わせだと，圧倒的にクラウドと AI を組み合わせた形のほうが正解率が高い。二つを組み合わせて問題解決する形が効果的ということが，今非常に大事な話になっています。

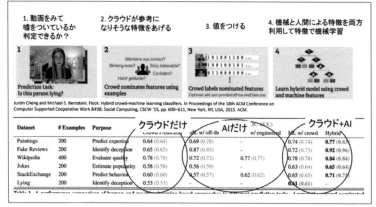

図 4　ヒューマン・イン・ザ・ループ（AI と人間の協働）

138

2.8 人口減と繁栄の両立のために，労働プラットフォームを通じた分業の AI 化こそが鍵

　それから，最初話したように，労働プラットフォームを変えていくという話が社会のトレンドだと思います。今世界の人口が増えていますが，そのうちピークが数十年内に来て，減っていくということが想定されています。日本はすでに減ってきているので，正直人が足りていないんですね。人が足りていないときに機械や AI に働いてもらいましょうというように，うまく分業をやっていかないと，人口が減っていくと基本的に生産性を上げないと生活レベルが下がっていく。人口が減っていくといいですよ，SDGs にも優しいしといっても，そのかわり生活レベルを江戸時代に戻そうとはならないわけですね。そのために，AI と分業しながら，少ない人口で効率よく社会をつくっていくということをやっていかなきゃいけないということになります。このときに，労働プラットフォームということが，非常に大事な考え方になります。労働プラットフォームというのは，例えば非常にわかりやすくいうとウーバーイーツなどを想像してもらうといいと思うんですけれど，簡単にいうと今まで会社で上司が行っていた仕事の分担や役割分割というものを AI 化して，人間では困難な大規模，高スピードでの分業を実現するということが今後非常に大事なトピックになっていくと思います。

　これでイントロの部分は終了で，四つお話しいたしました。クラウドソーシング，ヒューマンコンピュテーション，ヒュー

マン・イン・ザ・ループ，労働プラットフォームの四つですね。
これらがこの業界の非常に大事な用語になっています。

3. 図書館とクラウドソーシング

3.1 図書館におけるヒューマンコンピュテーション

　次に図書館におけるクラウドソーシングについて少しお話
ししていければと思います。図書館というのはヒューマンコン
ピュテーションのかたまりだというのは皆さんご存じだと思
うんですけど，私が一番，図書館ってヒューマンコンピュテー
ションだなと思ったのは，だいぶ前ですね。10 年以上前に話
題になったと思いますが，「覚え違いタイトル集」3) （福井県立
図書館）ですね。図書館に本を探しに来た方が，「この本を探
しているんですけど」と言って，図書館員が探して持ってくる。
最近では情報検索でもひらがなで間違った漢字変換だと直し
てくれる。漢字が間違っていても，「もしかして…」というよ
うな形で表示が出てくる場合もあるじゃないですか。そういう
のは出てくると思うんですけど，人間にはなかなか勝てないで
すよね。例えば，「『もたれない』というタイトルの本」ですが，
実際には『倚りかからず』。最近の AI だとできるかな。たぶん
できないと思うけど。「松本清張の『砂上裁判』という本で「裁
判」は間違いない」ということでしたが，実際は『砂の審廷』。

このように人間は間違いないといっても疑うんですね。それから，私が一番驚いたのが「『年だから解雇よ』というタイトルだ」といわれたのが，『トシ，1 週間であなたの医療英単語を100 倍にしなさい。できなければ解雇よ。』という本だったということですね。今の AI でも絶対無理だと思うんですが，図書館員の方はできると。このようにヒューマンコンピュテーションをどううまく活用していくかが非常に大事になると思っています。

3.2　海外図書館におけるクラウドソーシング利用の歴史

図書館のクラウドソーシングもかなり歴史が長いです。もう10 年以上になります。皆さんも事例として知っていることも多いんじゃないかと思います。特に電子化，最近の新しいものではなくて，ヒストリカルな，昔からあるものに対して電子化をするということに，クラウドソーシングはこれ以上向いているものはないということで，いろいろやられていますね。特に図書館に関心のある方に今回お話しさせていただくということで，今回確認しました（すでに終了しているものもあります）。

・**Australian Historic Newspapers**[4]（オーストラリア国立図書館）2009 年
　　文字起こし系がやはり多いですね。オーストラリアの国立図書館のプロジェクトで Trove, これはまだやっています。

- Liljenquist family collection of photographs of the American Civil War[5）（アメリカ議会図書館）2011 年

  アメリカ南北戦争のときの写真で知っている人はいませんかということを，フリッカー（Flickr）というサイトを通じて集めてきているんですね。これも 2011 年。最初作ったときは，最新のプロジェクトですよと話していましたが，10 年経ってだんだんヒストリカルな話になってきました。

- What's the Score at the Bodleian？[6）（オックスフォード大学ボードリアン図書館）2013 年

  楽譜ですね。これも終わっています。

- Transcribe Bentham[7）（ユニバーシティ・カレッジ・ロンドン）2012 年

  これはまだやっていたと思います。文字起こし系が非常に多いですね。

3.3　L-Crowd：日本初の大規模図書館クラウドソーシング

　日本でも彼らに負けていないですね，2014 年から L-Crowd[8）というものをやらせていただいています。中心となっているのは，同志社大学の原田隆史先生，慶應義塾大学の福島幸宏先生，カーリルの吉本龍司さんなどの方々と，もう 10 年，日本の図書館のクラウドソーシングプロジェクトをやらせていただいています。これは同じように文字起こしとか，書誌同定というのをけっこうやっています。

　そのときにわれわれがやっているクラウドソーシングプラットフォームの Crowd4U[9]を利用しています。Crowd4U というのは何をやっているかというと，研究者等の利用者が，オンラインでの仕事を登録するツールです。仕事を登録すると，これがいろいろな形で配布されて，ボランティアやクラウドワーカがタスクをすることができる。そういうシステムです。ウェブ上でやることもできます。これはやめてしまったんですが「スマホスクリーンロック」とか，「床システム」もコロナになって人が来なくなってしまったのでやめてしまっています。床システムというのは何かというと，登録されたタスクを床に投影するものです。歩いている人がついでにタスクをする。一時期はけっこうな大学に置いていて，筑波大学や同志社大学，明治大学などに置いていました。

3.3.1　Crowd4U を活用したプロジェクト

　図書館だけではなくて，いろいろなタスク，いろいろなプロジェクトに使っていました。例えば防災訓練に使っていました。ドローンを飛ばして航空写真を集めてくる。航空写真を細かく分割して，被害地は道にシールを貼っていたんですね。航空写真にシールが映っているか映っていないかというのをクラウドソーシングのタスクにして，オンラインで確認してもらう。避難してきた地元の人たちも被害を登録してもらい，防災本部に送るということをやっていました。動画があります。

　他にも，図書館以外の活用法として，学会のプログラムを作るということにも使っています。1500 人規模の大規模学会で

発表が 500 件くらいあるので，セッションを作るのが非常に大変なんですよ。どのセッションでどの発表があるというのが，大きい会議になると爆発的に難しくなってしまうので，クラウドソーシングで作ることによって，負荷が非常に下がったという声をいただいています。図書館だけではなくて防災や学会など，いろいろなところで使っています。

　図書館の話に戻ります。われわれがやったプロジェクトを二つほど簡単に説明します。一つは書誌の統合プロジェクトで，国立国会図書館（NDL）でいろいろと実験的な試みをしているNDL ラボでのプロジェクトと，京都府立図書館での京都府域の書誌の統合です。もう一つは，NDL デジタルコレクションの文字起こしプロジェクトですね。それぞれ説明したいと思います。

　いろいろなことを行いました。今行っているものは都道府県総合目録の将来像に関する研究プロジェクトで，京都府域を中心に行うということですね。

3.3.2　NDL ラボにおける書誌誤同定の発見

　これも皆さんのほうが詳しいと思うんですけれど，日本の場合 ISBN がキー（key）になっていないので，書誌の統合がそんなに簡単じゃないということになっています。

　タスクが終了したばかりで，今お見せできないのは大変申し訳ないんですが，こういった簡単な書誌の情報を見せて，「同じ」か「違う」か「わからない」で判定する（図 5）。判定したものを機械学習でデータとして使うというものですね。実施し

ているタスクでは，前処理をしてだいたい同じなんじゃないかなというものと違うんじゃないかなというものを入れ替えてテストをしています。なぜテストを最初にやったかというと，一般の素人の方にやってもらってどれくらいの正答率になるかというものをやっていました。

　結果からいうと，だいたい8割くらいでした。なかなか難しいところもあって，判定が割れるものや，わからないものもけっこうあります。現在新しいアルゴリズムを試していて，これまでずっとやってきたのは，クラウドで一般の人にやってもらってどれくらいの精度が上がるかというものだったんですが，先ほどのヒューマン・イン・ザ・ループじゃないんですが，まずはAIがやってみて，ここがあやしいというところを人間にきくというふうにやると精度が上がってきているので，それはだいぶ実用的になってきているのかなと思います。

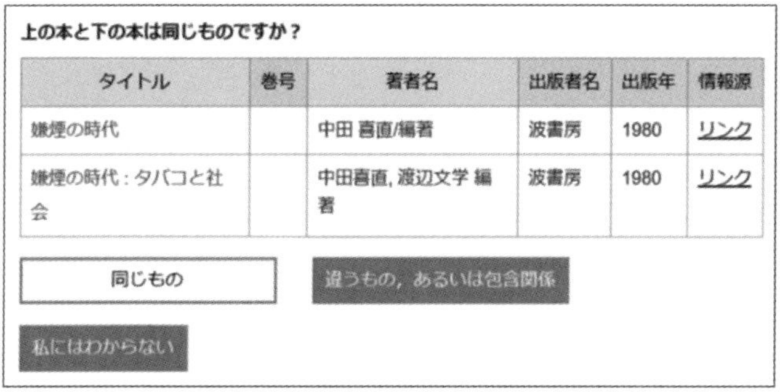

上の本と下の本は同じものですか？					
タイトル	巻号	著者名	出版者名	出版年	情報源
嫌煙の時代		中田 喜直/編著	波書房	1980	リンク
嫌煙の時代：タバコと社会		中田喜直, 渡辺文学 編著	波書房	1980	リンク

同じもの　　　　違うもの，あるいは包含関係

私にはわからない

図5　書誌同定タスク　Cont'd

3.3.3　NDL デジタルコレクションの画像同定

　それからもう一つは，NDL のデジタルコレクションの画像同定というプロジェクトで，永崎研宣先生のプロジェクトですが，先ほどの床システムを使っていました。何をやっているかというと，OCR をかけたときにどうやら図表が混じっているらしいというデータを持ってくる。だけど本当に図表かどうかは，人間が見ないと確定できないので，それくらいなら歩きながらでもできるということで，床システムに埋め込んでやってもらったということです。その結果を永崎先生が NDL で「翻デジ」，「国デコ Image Wall」というのをつくられていまして，国立国会図書館デジタルコレクションのサムネイル画像で一覧できるというものです。だいたい 2000 冊分くらいが公開されているというものです。

3.3.4　クラウドソーシングが図書館の機能の一部に

　図書館でクラウドソーシングというのは機能の一部だということで，図書館でクラウドソーシングのためのプラットフォームを用意するというのが，下記のような特に大きい機関では最近のトレンドです。私も筑波大学附属図書館でやりたいと動いていたのですが，なかなか日本の国立大学は難しくて。しかし，先進的なところでは自前で持つというのがもうトレンドになっています。

・Co-Lab[10]（カナダ国立図書館・文書館）2018 年
・By the People[11]（アメリカ議会図書館）2018 年

・Comunidad BNE[12]（スペイン国立図書館）2019 年

3.3.5　双葉町デジタルアーカイブプロジェクト

　図書館ではないんですが，デジタルアーカイブのプロジェクトもやっています。「双葉町デジタルアーカイブプロジェクト」[13]，これは筑波大学の白井哲哉教授のところで行っています。東日本大震災で被災した原発があるのが双葉町です。双葉町はもう人が住めないので，その記録を保存して世界に発信するための，双葉町デジタルアーカイブプロジェクトというものが始まっていて，これの被災地や避難所に送られた物品の写真が掲載されている。これに対して，多言語でのキーワードをつけるというプロジェクトがあります。これもこのためのウェブページがあります。日本語と英語が多いですが，十数カ国語くらい入っています。

3.4　Covid-19 世界情報ウォッチャー

　他には，個人的におもしろいと思っているんですが，「Covid-19 世界情報ウォッチャー」[14] というプロジェクトに参加しています。各国で感染者何人というデータはよくあがっていますが，それぞれの国で一体どういったことが起こっているかということを知りたいときに集める方法がないんです。実際そこでどんなニュースが流れているかを集めたサイトです。ローカルの情報というのは，現地語なんですね。例えば日本の場合，外国人がコロナに関する情報を探す場合，一番正しく出てくるの

147

はどこかわからないじゃないですか。どうやってその国の人たちにリーチするかということがすごく大事で，その人たちに教えてもらう。ローカルの人たちに「ここを見ればいいよ」というのを教えてもらうことをやっています。

　いろいろな国の人たちにリーチするのは非常に難しいことで，例えば世界最大のクラウドソーシングのプラットフォームである Amazon Mechanical Turk で働いている人たちは，ほとんどアメリカの人とインドの人なんですね。それからカナダ，それからイギリス。そこからぶわーっと減っていって，世界中の国の人たちなんていないんです。ですから，いろいろな国の情報をとってくるというのは非常に難しいですね。われわれはどうしているかというと，マルチホップ（multi-hop）というんですが，その人にさらに他の人にお願いしてもらうということをやっています。この方法によって，ロシアとかアフガニスタンといった非常に情報を持ってきにくい国の情報も持ってくることに成功しています。このあたりが今行われている事例です。

4. 情報源としての人間

4.1　動機づけが必要（外発的，内発的）

　ここからはサイエンティフィックな話になります。「人間に

お願いする」と簡単にいいますけれど，人間にお願いするって
そんなに簡単じゃないという話です。まず，情報源としての人
間から情報をもらうためには動機づけが必要なんですね。それ
から人間なのでやっているうちにいろいろ学んでくるんです
ね。同じことばっかりやっていると飽きるということもある。
いい人ばかりではなくて，嘘を書いてくる人もいる。いろいろ
あります。それについて最新の研究成果をお話しします。

4.1.1　外発的動機の例：クラウドソーシングマーケット（金銭的報酬）

　人間の動機づけというのは外発的動機と内発的動機とがあ
ります。外発的動機の例としては，いわゆるお金を払ってやっ
てもらうというのがあります。まず依頼者が仕事を出します。
「この画像にタグをつけて」と。それを受けて「これは犬だ」
「猫だ」とタグをつけます。最後に「ありがとう」として，仕
事だったら金銭が渡されます。これが外発的動機です。

4.1.2　金銭以外のインセンティブ（外発的・内発的動機）

　金銭以外のインセンティブはいろいろあります。一番わかり
やすいのは，リキャプチャですね。リキャプチャはスパム認定
されたくないということがモチベーションなんですね。結果と
して真面目にこなす。
　他には，ボランティアとしてのモチベーションがあります。
例えば世界遺産の保全の最新の状況を把握するために写真を
寄付してもらうというプロジェクトがあるんですけど，これは

ストレートに，写真を寄付することによって世界遺産を守ることができるというモチベーションですね。スマホのロックを外したいが，何かタスクをやってもらわないと外れないというのもあります。それと，お腹が空いたのでスナックを食べたい。これは大学の先生のいる棟の自動販売機にテストの採点をするタスクを貼り付けて，スナックを買うついでにやってもらうというものです。あとは明治大学の中村聡史先生がやっていたのが，音ゲーで遊びたいという動機，そのゲームでは上からタスクが落ちてくるというものがあります。

研究結果としては，外発的動機も内発的動機も引き起こすようにインセンティブを組み合わせるのが一番よいという結果が出ています。外発的動機も内発的動機も両方大事ということです。外発的動機だけというのが，たしか一番よくないという話だったと思います。

4.2　学ぶ・飽きる

それから人間の特徴として，学ぶということがあります。同じタスクを何回もやっていると，最初のうちは 8 割くらいの正解率だったのが，だんだんよくなってくる。だんだん上手になっていく。だんだん上手になってくるので，例えば上手な人たちと苦手な人たちを組み合わせてタスクをこなすといった，うまい戦略が組めるようになってきます。

あとは飽きる。同じタスクを何回もやっていると飽きてしまうので，例えば同じイエスかノーで分けるものでも，ずっとイ

エスだと飽きてしようので，ちゃんと集中してやってくれるか
というようなところがあると，ある程度イエスが多いのであれ
ば，わざとノーを混ぜるとか，気晴らしにマンガやゲームをは
さむと，よりタスクをやってくれるなどいろいろあります。そ
ういった研究をやっています。

4.3　間違える・悪さする

　それと人間なので，間違えたり悪さをしたりします。これは，
ワーカ，働いてくれる人が3人いて，どれくらいこの人たちが
間違えるのかを調べた表です。縦軸が正解で，横軸がワーカ3
人が答えた結果ですね。写真を見せて「これはイチゴかバナナ
かブドウか」というタスクですね。明らかに一番正解率が高い
のはワーカ A（表1）ですね。ワーカ B（表2）とワーカ C（表
3）はどちらがよいのかということですが，一番正解率が低い
のはワーカ C ですね。一番上が正解率が高いワーカ，一番下が
よく間違えるワーカ，真ん中はなんというかというと，「Spam
ワーカ」といいます。

　クラウドソーシングの分野では，よく間違えるからといって
役に立たないわけではないんです。必ず間違えてくれるという
のはすごくありがたいです。必ず間違えるということは，要は
この人が選ばなかった答えを正しいと考えればいいんじゃな
いかということですごく役に立つんですね。Spam ワーカとい
うのは，本当に役に立たない，情報量ゼロということです。必
ずうまく答える人もいればそうではない人もいる。どんなタス

クの場合にでもこういった分布が必ずできるというのがすごくおもしろいです。

表1　ワーカA（正解率が高いワーカ）

		答えた結果		
		イチゴ	バナナ	ブドウ
正解	イチゴ	57	2	1
	バナナ	2	27	1
	ブドウ	2	1	12

表2　ワーカB（Spamワーカ）

		答えた結果		
		イチゴ	バナナ	ブドウ
正解	イチゴ	20	20	20
	バナナ	10	10	10
	ブドウ	5	5	5

表3　ワーカC（よく間違えるワーカ）

		答えた結果		
		イチゴ	バナナ	ブドウ
正解	イチゴ	1	20	27
	バナナ	10	1	19
	ブドウ	7	5	1

4.4　お金と品質の関係

　それから，最近の研究[15]ではお金と品質の関係というのも
けっこう研究されています。結論からいうとお金は品質とはあ
まり関係ない。お金をたくさん払ったら仕事のクオリティが上
がるかというと，そんなことはないというのが結論です。なぜ
かということも分析されていまして，いわゆる心理学でいうと
ころのアンカリング効果ですね。アンカリング効果というのは，
値段がついた時点で自分の仕事というのはこの値段の価値な
んだという心理的なものが働くので，いくらの金額であっても
基本的にはちゃんと働くというのがクラウドソーシングにお
ける結果です。

　では結局安く買いたたけばよいのかというとそういうこと
ではない。最低賃金を守らなければならないのはもちろんです
が，お金をさらにたくさん払うことによってどんな効果が得ら
れるかというと，仕事をこなしてくれる量が増えます。よりた
くさん払うともっとたくさんやってくれるようになります。こ
れが一番の違いというところがおもしろいですよね。

5. 情報源としての群衆

5.1 集合知は役に立つか？！

それから情報源としての群衆，今個々の人間に当てはめていましたが，集合知という言葉を聞いたことがあると思いますが，皆が集まることによって何か役に立つことがあるかという話ですね。

集合知といえばとにかく有名なのは，ジャック・トレイナー（Jack L. Treynor）教授による「ビンの中のジェリービーンズ」実験です。ビンの中にあるジェリービーンズの数は何個か，学生全員に答えさせて，平均をとるとほぼ正解と一致した。たくさんの人の値を平均すると正解の値に近づくんじゃないかと。このような集合知は一時期話題になりました。集合知ってなんでもいつでも起こるんじゃなくて条件があるんじゃないかということも，提唱されています。四つあって一つは多様性，いろいろな考えがあると。もう一つは独立性，それぞれの人は自分の考えで結論を出す，それから分散性，各自が固有の情報を持つ，最後は集約性，まとめる方法があると。これが集合知が成立する条件 16) であるといわれているわけですね。

5.1.1 集合知の大規模実験

とはいえ，これはあまりしっかり実証されたことはなかった。2019 年，初めて集合知の大規模実験 17) が行われました。全体

としては働くが差は激しく，高コストというのが結論です。

　質問は「写真のビルは何年に建てられたか」と，音声を聴かせて「この音声の言語は何か」というものです。結果はまた微妙なんですが，集合知は何パーセントの個人より正しかったか。個々の人よりどれくらい正しかったかということで，真ん中をとると6割くらい。つまりちょっと個人よりはよいということですね。ですが，1個1個の問題で見ると，まあ若干いいかなくらいの程度なんですが，問題全体で見て何パーセントの個人より正しかったかを見ると，けっこう上がって，80%，90%近くの個人よりも全体を見ると正しかったということで，全体としては働くけれど，個々の問題に対して集合知のほうが正しいかというとちょっと何ともいえないというのが，実際の大規模実験の結果ですね。1個というよりは常に全部やると，全体としてはうまくいっているということがいえます。だから微妙な結果ですよね。特定の問題でやるとちょっとうまくいかないという。あと大事だと思うのが，集合知って高コストなので，集合知ではなくても解ける問題というのは集合知を使わずにやったほうがよいのではないかと個人的には思います。

5.2　GWAP（Game With a Purpose）

　あとは集合知関係でおもしろいのは，Game With a Purposeというもので，オンラインゲームを遊んでもらって，その結果として意味のある仕事をしてもらう。要はゲームの副作用として何か意味のあることをやってもらうというのが，Game With

a Purpose です。例えば The ESP Game[18] というタグ付けの
ゲームで、プレイヤーは 2 人いて、お互い相手が何とタグを入
れているかわからないのですが、相手の人とタグが一致すると
点数がもらえるんですね。そうすると相手が入力しそうなタグ
を入れるというインセンティブが働くんですね。ゲームを遊ぶ
ことによって、結果的に正しいタグが付与されるというもので
す。

6. データベースとクラウドソーシング、そして AI

6.1 クラウドソーシング設計（How）の 4 要素

　クラウドソーシングの設計というものは四つの要素からな
っておりまして、まず What, 何をしたいか（達成すべき目標）
ということを、具体的にクラウドに投げるには、How に変え
ていかなければならないわけです。
　どのようなタスクを投げるか（分割と集約）、どのように具
体的に依頼するか（タスク設計）、どうやってワーカをリクル
ートするか（リクルーティング）、最後は誰にどの順序でやっ
てもらうか（割当て）ということを全部、一から決めていく必
要があります。テクニックについて一般論としての指針はあり
ますが、設計はやはり業務に精通している方でないとできない
仕事です。

　簡単な例を使って説明したいと思います。How のことを専門用語で実行計画と呼んでいます。非常に大事なのは，クラウドソーシングの What（目標）に対して，How（実行計画）は複数あるんですよね。つまり同じ目標を達成するための，タスク分割とかタスク設計とか割当てとかリクルーティングといったものは，複数あるんです。

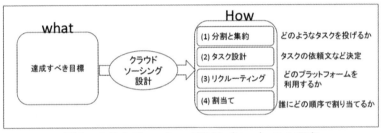

図6　クラウドソーシング設計（How）の4要素

6.2　What：ロスアンジェルス(LA)の平均評価が4以上のレストランが欲しい

　レストランのデータベースの例で説明させてもらいますが，データベースの中には，グルメサイトで LA にサブウェイ（Subway）というお店があって，サンドウィッチで評価が3.9だというデータがあったとします。LA の平均評価が4以上のレストランを知りたい。このときに普通のデータベースでした

ら，基本的にここのデータベースに入っていないものはないという話なのですが，情報源がクラウドなので，クラウドに問い合わせて情報を収集する必要があるわけです。そのための方法は複数あります。

6.3 実行計画と「実行可能性」

非常に簡単な二つの例を紹介します。

一つ目は，誰か1人専任の人を雇って，LAのレストランの評価を全部入力してもらう。そのためのプラットフォームはヤフークラウドソーシングに探しにいく。割当ては，やってくれると言った人に誰にでも割り当てるとする。こういったものを実行計画で作ることはできるんですが，どう考えてもちゃんと働くとは思えない。うまくいくと思えない。こういった計画を実行可能性が低いといいます。

これに対してもう少しマシなやり方がありまして，100人の人がLAのレストランを三つずつ入力するというタスクを100個作って，アメリカのプラットフォームに投げるというほうが少し実行可能性が高いですよね。このように，実行計画にはこれならできる，これならできないというものがあって，まずこれを考える必要がある。実行可能性の高い実行計画を作ることが大事になります。

6.4　タスク分割における「実行可能性を上げる」技法の例

　実行可能性を上げる技法というものを二つ紹介します。データ視点のタスク分割と作業視点のタスク分割というものがあります。

　「1 週間で，100 ページのロシア語の文章を日本語に翻訳したい」というような目標があるとします。このときに，一番最初の実行計画は「100 ページのロシア語の文章を日本語に翻訳」の 1 タスクだったとします。これだとやってくれる人は非常に少ないわけですが，データで分割して「1 ページのロシア語の文章を日本語に翻訳」を 100 タスクにすると，1 ページだったらやってもいいかなという人が出てくるわけですね。

　さらに分割すると，ロシア語を日本語に翻訳できる人は非常に少ないですが，ロシア語を英語に翻訳できる人と，英語を日本語に翻訳できる人はもっと人数がいるので，これを組み合わせて，「1 ページのロシア語の文章を英語に翻訳」を 100 タスクと，「1 ページの英語の文章を日本語に翻訳」を 100 タスクにする。こういうときに，基本的にできるだけ限られたスキルであってもできるタスクに少しずつ分解していくということによって，実行可能性が上がっていくということが，一般的なルールとしてあります。業務フローの中にこれができるところがないか考えていただくことが，非常に大事なのではないかと思っています。

6.5 AIプログラムもワーカとして扱う

　今までは人間がクラウドソーシングで仕事をするという話だったのですが，今はクラウドソーシングで AI，機械学習のプログラムを作るということもできるんですね。つまりプログラマの方に「このタスクをやる AI のプログラムを書いてください」と言ったら作れるんですよ。こういう AI プログラム自体も一種のクラウドワーカだと見なせるんですね。つまり自分で作っているプログラムではないので，このタスクをこなす AI もどう仕事をするかわからない。これを信じていいのかということになるのですが，普通の人間のクラウドワーカと同じようにちゃんとやるかどうかわからないのであれば，これも同じクラウドワーカとして考えればいいじゃないかというのが，ここ 5 年くらいの研究プロジェクトでやってきたことです。そうすると AI がたくさんあれば AI のパワーも活用して，人間と AI が協働した仕事ができるということです。

6.6 システム開発のパラダイムが変わる！

　これは AI ワーカの品質も見ながら自動で適切にタスクを割り振るプラットフォームなわけです。システム開発の発想が変わるおもしろいパラダイムだと思っています。図書館のシステムでもそうですが，ソフトウェア開発というのはまず設計して実装して，必要に応じてシステムを再構築する。横軸に時間軸を作っていて，縦軸が完了した作業としましょう。システム開

160

発とそのシステムを利用して作業を行う時間軸を最初からたどっていくと，最初にシステムを設計して実装している間は仕事をしないわけです。完成するとそれを使って仕事を始めることになるわけです。これが，AI ワーカを前提としたソフトウェア開発ができると，まず人間に全部仕事を投げちゃって，人間がやり始めるのですぐ開始できる。開始したのと並行してプログラマに「この問題をやってくれる AI を作ってください」とお願いすると，大勢のクラウドワーカが信憑性不明の AI ワーカを作ってたくさん投入してくるわけですね。AI の中でこの AI は信用できるからこの部分は任せようとなっていくと，だんだん作業している部分のうち AI ができる部分が増えていって，だんだん仕事が AI 化していくんですね。こういったことが可能になります。

6.7　2019 年 10 月に世界初の国際サイバー防災訓練

このシステム（図 7）をつくって，これを「世界初の国際サイバー防災訓練」とわれわれは呼んでいるんですけど，インドネシアのバンダアチェ市（Banda Aceh）と愛媛県と合同で防災訓練を行いました。

バンダアチェ市は，一度地震による津波で人口の 25% を亡くしていて防災に対して非常に意識の高いところでして，一緒に合同訓練を行いました。そのときの実験は日本の水害の航空写真を使って，日本が大変なことになったので，インドネシアをはじめとした世界の人が助けるために状況を把握するとい

うシナリオです。ワーカの参加国は 11 か国，だいたい 600 人くらいの人が参加しました。先ほど説明したクラウドワーカが開発した AI ワーカが加わりました。どのように行ったかというと，航空写真を細かく分割して 1 枚 1 枚を人間ワーカに見せます。人間は，ここは水害がある，ないというのを入力します。並行してプログラマの人がこの仕事をする AI を作ってくれる。それでこのシステムができる AI ワーカが途中から参加してくるのですが，その挙動を見て，正しく仕事をしているようであれば割り当てていく。機械なので早く仕上げて早く終わるという形になっているわけですね。最後に動画 19) をご覧ください。

図7　スライド「世界初の国際サイバー防災訓練」

7. まとめ

　私がずっと確信しているのは, クラウドソーシングは 0 を 1 に変えるすごく本質的な話であるということです。クラウドソーシングは社会の一部となって使われています。それから人間が絡む話ですので, 人間の話というのは研究でもちゃんとやっておかないといけなくて, 特に人間に働いてもらうときにどうやってストレスをかけないようにやるかなど, ワーカをきちんとリスペクトしたような話が大事なのかなということですね。これから日本も人口が減ってきますので, 最初に申し上げたように生活のレベルを維持していくために AI 化, 機械化ということがどうしても避けられないということと同時に, 機械や AI だけではできないことがたくさんあります。うまく市民を組み込んだクラウド・イン・ザ・ループということが, 今後の社会のソリューションの大本命になるんじゃないかということです。図書館に関しても, そのプラットフォーム化が一部の先進的な図書館ではやられているということで, こういうこともかなり当たり前になってくるということがこれから起こるのではないかと思っています。

【質疑応答】

｜**質問1**：床システムについて具体的に何を設定していたのか説明してください。概念的なところはよくわかるが，具体的にどういったことに当てはめられますか。｜

森嶋：NDL デジタルコレクションの画像同定プロジェクトで行っていたのは，OCR で文字をスキャンしたときにどうやら文字以外の図表やイラストが入っていそうだというものを，「これは絵（図表）が入っていますか？」というふうに投影していました。歩いていて，○か×かを選んでもらう。床ではなくて画面の上でやるのは，テキストの入力や，書誌同定ですね。この書誌とこの書誌は同じかということをやっていました。

｜**質問2**：それぞれの図書館の方々は，あることをやろうとすると，すごくいろいろな仕事が出てきます。その仕事がどんなふうにタスクに分けられ，どんなふうにクラウドに渡すのですか。｜

森嶋：まさにそれが仕事の本質で，どう分ければよいかというところは，技法はあります。技法に加えて，業務に詳しい人でなければできないところがありますので，一つはクラウドソーシングの設計の一般論みたいなものを学んだうえで，それが自分の業務に適応できないかを，検討するということになるかと思います。

|**質問3**：図書館で働いている方が，自分の状況に合わせ引き付けて理解するうえでは，実際に図書館でもボランティアの人にお願いして文書や写真を集めたり，あるいはそういったものをきちっとコンピュータファイルにするといったことを行っています。自分たちでやろうとするととても大変なのですが，ボランティアの人たちそれぞれができる仕事に分けて，実行している図書館はあります。そういう図書館の事例をうまく活用して，今の話とあわせると，展望が開けてくると思います。|
森嶋：やれるかもしれないことと，具体的にこうやればできるということの間にギャップがあるわけですが，こういうところにもしかしたら使えるのかといったところを教えてもらえれば，私のほうではソリューションを持っているので，それだったらこうできるんじゃないかとか，そういう話はもしかしたらできるのかもしれないです。

|**質問4**：いろいろな講座をやったりするときに，クラウドワークスなどでチラシのデザインなどをお願いすることはけっこうあります。どういうデザインでという要求を出して，何人か興味を持ったデザイナーの方から案をいただいて，どのデザイナーにお願いするか発注できるというシステムなので，使う側からすると，いろいろな選択肢の中から自分の好みのものを選んで作っていただけるということで，非常に便利だし，普通にデザイナーに頼むよりも安くあがるので，非常に活用できてよいなと思っています。そういうところから活用していけば，図書館の方も仕事がやりやすくなるのかなと思います。|

森嶋：今ある業務をクラウドソーシングでやってもらうという
のも，もちろん一つの手段としてあるんですが，こういうもの
があることによって，今までできなかったことができるという
のも，すごくおもしろいなと思っています。例えば文字起こし
のプロジェクトにしたって，クラウドソーシングがあるからで
きるものであったり，あるいは単に外注というよりも図書館の
利用者を巻き込むことによって，何かのムーブメントをつくっ
たりとか，そのあたりのデザインは非常におもしろいと思いま
すので，少しお茶でも飲みながらゆっくり妄想していただいて，
何かあればいいかなと思っています。

【注・参考文献】

1) Google. Google について. https://about.google/intl/ALL_jp/ （accessed 2023-03-31）

2) 日本図書館協会. 図書館の自由に関する宣言. https://www.jla. or.jp/library/gudeline/tabid/232/Default.aspx （accessed 2023-03-31）

3) 福井県立図書館. 覚え違いタイトル集. http://www.library-archives.pref.fukui.lg.jp/tosyo/category/shiraberu/368.html （accessed 2023-03-31）

4) National Library of Australia. Trove. https://trove.nla.gov.au/ （accessed 2023-03-31）

5) Flickr. Civil War Faces. https://www.flickr.com/photos/8623 220@N02/albums/72157625520211184/ （accessed 2023-03-31）

6) Bodleian Libraries, University of Oxford. What's the Score at the Bodleian?. https://digital.bodleian.ox.ac.uk/collections/ whats-the-score/ （accessed 2023-03-31）

7) University College London. Transcribe Bentham. https://www. ucl.ac.uk/bentham-project/transcribe-bentham （accessed 2023-03-31）

8) L-Crowd. L-Crowd：インターネットでできる図書館ボランティア. https://crowd4u.org/ja/projects/lcrowd （accessed 2023-03-31）

9) Crowd4U. Crowd4U. https://crowd4u.org/ja/ （accessed 2023-03-31）

10) Library and Archives Canada. Co-Lab. https://co-lab.bac-lac. gc.ca/eng（accessed 2023-03-31）

11) Library of Congress. By the People. https://crowd.loc.gov/ （accessed 2023-03-31）

12) Biblioteca Nacional de España. Comunidad BNE. https:// comunidad.bne.es/（accessed 2023-03-31）

13) Crowd4U. 東日本大震災の原子力災害に見舞われた，福島県双葉町の記録写真にキーワードを付けてください．https:// crowd4u.org/events/futabatown/index-ja.html（accessed 2023-03-31）

14) NLP for COVID-19. COVID-19 世界情報ウォッチャー．https:// lotus.kuee.kyoto-u.ac.jp/NLPforCOVID-19/ja/（accessed 2023-03-31）

15) Winter Mason & Duncan J. Watts. "Financial incentives and the "performance of crowds", *HCOMP '09: Proceedings of the ACM SIGKDD Workshop on Human Computation*, 2009. p.77-85. https://dl.acm.org/doi/10.1145/1600150.1600175 （accessed 2023-03-31）

16) James Surowiecki. The Wisdom of Crowds. Anchor, 2005.（ジェームズ・スロウィッキー，小高尚子（訳).「みんなの意見」は案外正しい．角川書店，2006.）

17) Camelia Simoiu, Chiraag Sumanth, Alok Mysore & Sharad Goel. "Studying the "Wisdom of Crowds" at Scale", *Proceedings of the AAAI Conference on Human Computation and Crowdsourcing*, 2019, Vol.7, p.171-179. https://doi.org/

168

10.1609/hcomp.v7i1.5271（accessed 2023-03-31）

18)　Luis von Ahn, Laura Dabbish. "ESP: Labeling Images with a Computer Game", *Knowledge Collection from Volunteer Contributors, Papers from the 2005 AAAI Spring Symposium, Technical Report SS-05-03*, 2005. https://cdn.aaai.org/Symposia/Spring/2005/SS-05-03/SS05-03-014.pdf （accessed 2023-03-31）

19)　Croud4U. The World's First "International Cyber Disaster Response Drill" on Oct 8th, 2019. https://www.youtube.com/watch?v=T7YB96faCxI&t=7s（accessed 2023-03-31）

永末十四雄の仕事

—地域の記憶と記録を未来に残した図書館人

磯部　ゆき江

未来の図書館　研究所　研究員

・・・・・・・・・・・・・・・・・・・・・・・・・・・・・

　永末十四雄は，地域の資料を未来に残すことに情熱を注いだ図書館人であり，地域史家である。田川市立図書館が田川郷土研究会と展開した「炭鉱資料収集運動」の柱になる資料として，炭坑夫だった山本作兵衛に彩色画を描くことを熱心に勧め支援した。作兵衛の炭坑記録画は，やがてユネスコ「世界の記憶」として登録された。このような地域の記録に関する活動もさることながら，永末の図書館学研究は，地域史で築いた「細部が全体を構成する」視点にたった高い識見を示すものだった。主著『日本公共図書館の形成』は明治維新から戦前までのわが国独自の公共図書館形成の構造的問題を追究した。そして図書館法公布直後の高知市民図書館の活動を分析して，公共図書館のあり方を提示した。また，地域史家として地域社会史・石炭産業史に関する著作を残しており，市民の郷土研究会と大学研究者との共同研究においても大きな役割を果たした。地域資料の保存・利用が重要視される今，永末の図書館人としての仕事に注目する必要性は高い。

・・・・・・・・・・・・・・・・・・・・・・・・・・・・・

1. はじめに

　永末十四雄（1925-1995）は，地域の資料を未来に残すことに情熱を注いだ図書館人である。山本作兵衛（1892-1984）の炭坑絵画に歴史資料としての価値をいち早く認め，記録的価値を高めるよう彩色画で描くことを熱心に勧め，後世に残すことに尽力した。作兵衛の残した仕事は，その後ユネスコ「世界の記憶」[1]として登録され，広く知られるようになった。しかし，それを支えた永末の関わりは，限られた範囲でしか伝わってはいない。この作兵衛との関わりは単なる偶然ではなく，図書館人としての彼の確固たる考え方に基づくものであったと思われる。本稿では永末の仕事全体からその考え方や問題意識を探り，彼が何を残したかについて検討する。

　まずはあまり知られていない永末の側から二人の関係と仕事をたどることにより，失われていく地域の資料を収集・発信することが図書館の重要な役割であるとする，図書館活動実践家としての彼の強い思いを探ってみる。そして主著である『日本公共図書館の形成』を中心にして，わが国の公共図書館成立過程に関する記述をたどり，永末があるべきと考える近代公共図書館像と地域社会と図書館との関係について考察する。

　また，彼には公共図書館という領域を超えて地域史においても業績がある。筑豊社会・石炭産業史に関する彼の著作と市民の郷土研究会と大学研究者との共同研究において永末が果た

した役割を取り上げ，地域の歴史資料が保存されるだけでなく，利用される必要性を唱えていたことに触れる。

2. 地域の記録を未来に残す ―山本作兵衛と永末十四雄

2.1 山本作兵衛の生い立ちと仕事

　山本作兵衛は 1892 年福岡県嘉麻郡笠松村（現・飯塚市）に生まれた。遠賀川の川舟船頭であった父が，開通した鉄道に石炭輸送が移ったため炭坑夫となり，一家で炭坑集落に移住した。家計を助けながら小学校に通う。生来絵を描くのが好きでペンキ屋に弟子入りしたこともあったが，父の病気でやむなく炭坑に戻る。以後，炭坑を転々としながら約 50 年の坑夫生活を送った。石炭産業はしだいに衰退し，炭坑も閉山，彼も解雇されて，長尾鉱業所の夜警宿直員となった。孫たちに消えゆく炭坑（やま）の生活や作業を描き残しておこうと仕事の合間に画用紙に墨絵を描いた。その炭坑画が見る人の感動を誘い，会長長尾達生の知るところとなって，長尾ら中小鉱主仲間による刊行会から『明治大正炭坑絵巻』として出版された。

　山本作兵衛は，後に刊行された『画文集　炭鉱（やま）に生きる－地の底の人生記録』[2)] で過酷な炭鉱の労働とそこに生きる人々の暮らしを文章でも克明に綴っている。炭鉱労働者は世間から賎しいとされ，炭鉱集落は町から隔離されていた。鉱夫

たちを就労だけでなく生活全般にわたり中間搾取し暴力で威圧する納屋制度があった。賃金は炭鉱内や出入業者にしか通じない「切符」で支給し現金を持たせず，逃亡を防ぐよう行動を拘束したという。落盤などの災害で死ぬ者も多く，堪えるに堪えきれず，逃げるに逃げきれず，坑内で悲惨な自殺を作兵衛は目撃したという。同書の解説で永末は，作兵衛について次の言葉を贈っている。「山本さんのように五十年以上も炭鉱労働者として働いて，生き抜いたことだけでも偉とするに足りることなのである。その上記録を残し，その記録がはなはだユニークな形式と内容を備えていることは，ただ奇跡というより他はない。」

2.2　永末十四雄の生い立ちと仕事

　一方，永末十四雄（本名は十四生）は，1925 年福岡県田川郡後藤寺町（現・田川市）に生まれた。県立修猷館中学（旧制）卒業。繰り上げ現役入隊し，復員後，家業の炭鉱購買店手伝いを経て，1950 年田川市立図書館に司書補として採用される（1952 年に九州大学の図書館専門職講習会に派遣され司書資格取得）。翌年の 1951 年，田川市立図書館はそれまで小学校内に併設されていた簡易図書館から図書館法施行を機に本格的に整備され新築開館した。戦後の石炭景気が頂点に上りつめた時期だった。しかしエネルギー革命によりたちまち炭鉱は閉山し，1956 年に田川市は財政再建団体の適用をうける。永末は1963 年に館長職務執行，1967 年館長に任命された。小冊子『20

年のあゆみ』[3] のあとがきで「過去 20 年のうち本市が比較的安穏であったのは，ほんの一時期にすぎず，長い期間炭鉱合理化に伴うきびしい状況が続いています。当然本館の運営には，他市にみられない困難さがつきまとい，その足跡はかなりの起伏を免れておりません」と永末は述べているが，そのような困難な状況でも図書館はさまざまな活動を行っていた。

　図書館年表[4] を見ると，図書館が継続的に田川郷土研究会の活動を支援していたことがうかがわれる。1954 年の発足とほぼ同時に創刊された機関誌『郷土田川』には，図書館が出版の助成も行っていた。古記録，行政記録，新聞，写真・絵画など，地域に関するあらゆる資料を体系的に収集しようとする永末の図書館人としての意識は，人々に協力を求めながらともに学んでいく市民研究者の組織づくりにもつながっていた。そして 1964 年に田川郷土研究会と連携し「炭鉱資料収集運動」を展開する。

2.3　炭鉱資料収集運動のなかで見いだした作兵衛作品の資料的価値

　田川市立図書館の活動と田川郷土研究会の炭鉱文化史研究とが協働した重要な事業が「炭鉱資料収集運動」であった。相次ぐ炭鉱の閉山，石炭産業が崩壊していくなかで行われ，キャンペーンを張り新聞にも大々的に報道してもらったという。各方面から資料が寄せられたものの，永末が求める炭坑全体の生活，全体の仕事を伝える資料がなく，あっても手の届かない遠

くにあってしかも秘匿された場所にしかなかったという。その
とき永末が思い出したのが山本作兵衛の絵だった。非売品とし
て出版された『明治大正炭坑絵巻』は永末が編集を担当してい
た 5)。1968 年に福岡県文化会館で田川市立図書館所蔵の作兵
衛作品が「明治大正　炭鉱絵巻展」として公開された際の記念
講演で永末は次のように話している。「何とかあの絵を資料収
集運動のためにもう一度描いていただいて，そして後世に残す。
本当の炭坑資料の柱になる—これが炭坑だといえる資料とし
て残させていただきたいという熱望を持ちまして，山本さんの
ところに私お願いにあがったわけでございます。」6) この願い
に作兵衛は二つ返事で即座に承知したという。

　永末はここで記録性をより高めるための依頼をする。「本当
は色彩をお使いになったら，もっといい絵ができるのではなか
ろうか。もっと広い紙ならもっと効果があるのではなかろうか」
と考え，保存性の高い岩絵具と全紙判ケント紙を提供するよう
にした。それ以後作兵衛は彩色画を描くようになり制作に没頭
した。驚くほどのペースで絵を完成させ図書館に寄贈を続けた。
炭鉱資料収集運動開始翌年の 1965 年には早くも「山本作兵衛
翁炭鉱画展」が開催されている。3 年ほどの間に 280 枚もの絵
が図書館に寄贈され続け，福岡県文化会館での絵巻展に至った。
展覧会は最初，東京でやりたいという話が出たが，絵を所蔵す
る田川市立図書館が，地元で展示した後でなければ他所へは出
せないと断ったという 7)。まず郷土の人々に見てもらいたいと
いう永末の強い思いだった。

2.4 作兵衛作品の魅力と豊かな記録性

　作兵衛は大変記憶力が良く，そのうえ膨大なメモ（「作兵衛ノート」）も残していた。作兵衛の絵は夜警仕事の合間に描きためた墨絵のころから，絵と詞書が一体となった独自の様式で描かれている。色彩画となってからは，一人でも多くの人に見てもらうという新たな目的をもって，記録性はさらに豊かになっていった。作兵衛自身が「ただひたすら正確にありのままを記すことのみを心掛け，それ以外のことは考える余裕もありませんでした」と述べている。むろん炭坑の中は真っ暗だから，はっきり見えるわけではない。記憶とメモをもとに一貫して正確に描いているのである。

　彩色画にはプリミティブ・アートに通じる明瞭で素朴な魅力がある。特に衝撃を受けつつ目が離せないのが女性たちの労働のさまだ。女坑夫は後山（アトヤマ）と呼ばれ，先山（サキヤマ）が掘った石炭を運搬することが主な仕事だった。這いつくばって背中に棒をのせて，前後のかごに石炭を入れて運ぶ。うつ伏せに近い形で前方にある石炭の入った函を押す，あるいは体に縄をかけて後ろの函を引く。一人でツルハシをふるっている絵もある。いずれの女性も上半身は裸で腰布一枚の姿だ。石炭まみれになっているはずだが，女性たちの肌は白く，着物の模様は鮮やかに描かれている。力強くて美しい[8]。

　永末は「炭坑労働の記録についてはいろいろな本はありますけれども，本当に働く者の立場から具体的に書かれたものは今までなかった。これが山本さんによってはじめて具体的にしか

も系統的にかかれた。単なる事実解説ではなくて一つの労働の記録として残されたことは、この絵が何ものにも代え難い一つの価値を生み出しておるように思います」と記念講演で述べている。炭坑画の記録的価値をいち早く認め、作兵衛を制作に向かわせたのは図書館人として地域資料収集にかける情熱だったのであろう。作兵衛はあれこれ言われずとも永末の熱意を受け入れ、夢中で描き続けて永末のところに届けたのだと想像する。

　作兵衛作品は、その後永末らの働きかけもあり、評価を高め広く知られるようになっていく。テレビ番組でもたびたび取り上げられ、田川市文化功労者、福岡県教育文化功労者となり、作兵衛は1984年に92歳の生涯を終えた。1983年の田川市石炭資料館（現・田川市石炭・歴史博物館）の開館にともない、炭坑画は「作兵衛ノート」などの資料とともに図書館から資料館に移管された。永末は図書館を退職後、資料館の生みの親でありながら館長になることはなく、北九州市立図書館相談役、近畿大学九州短期大学教授をつとめ、1995年に70歳で逝去した。ユネスコ「世界の記憶」の登録は2011年だから、作兵衛没後27年、永末没後16年の時を経てからのことである。

3. 公共図書館史研究

3.1　永末の著作活動

　永末は，図書館員および図書館長として田川市立図書館の活動を担う一方で，早い時期から図書館関係誌に論考を発表し始めている。田川郷土研究会は 1954 年に発会し機関誌『郷土田川』を創刊，以来機関誌だけでなく報告書などを刊行しており，これらの成果にも深く関わっていた。仕事を始めた 1950 年代から晩年までの執筆活動 9) は，著作の傾向から区切ってみると次の 3 期に分けられる。

　第 1 期は，図書館現場の活動を中心に，図書館業務に関わる実務的なもの，市立図書館や都道府県立図書館の実態調査に参加した分担執筆の報告などがある。図書館の理念や図書館史に関する論考も見られる。

　第 2 期の，図書館長と田川市史編纂事務局長を併任するようになった 1970 年代は，筑豊あるいは石炭の地域史，筑豊の部落問題の著作が多くなる。これには 1954 年の発足から田川郷土研究会の事務局を永末が担っていたことや新聞記事のクリッピングなど地域資料の収集・分析に従事していたことが下地となっていることがうかがわれる。この時期に筑豊に関する書籍を 2 冊と共同編纂の年表が刊行されている。

　第 3 期は田川市を退職した 1982 年以後である。『日本公共図書館の形成』10) は北九州市立図書館相談役に転じたこの時期

のものである。また戦後の図書館史にも意欲を示し，図書館法
制定後の公共図書館のゆくえに関し，当時多角的運営で目覚ま
しい成長をとげていた高知市民図書館についての詳細な論考
を発表している。

3.2　『日本公共図書館の形成』

　図書館史研究における主著は『日本公共図書館の形成』であ
る。1986 年度日本図書館学会賞を受賞し高い評価を受けた。
この時の日本図書館学会長で永末に学会賞を授与した岩猿敏
生は，「彼は学会賞の受賞を心から喜んだ」それは「自分の問
題意識が日本の図書館学研究者の全部とは言わないまでも，か
なり多くの人たちに共有されたことに対する喜びであった」と
回想している [11]。また 3.1 でみるように永末の図書館史研究と
地域史研究はそのときの仕事と関係してどちらかに重点が置
かれるが，それぞれ相互に影響を受けている。

　さて，公共図書館形成における永末の問題意識とは何か，公
共図書館史は地域社会史や産業・経済史とどのように関わって
いるかを念頭におきながら本書があげる論点について述べる
こととしたい。

3.2.1　『日本公共図書館の形成』の主題　－序から

　本書は「欧米と成立基盤が異なり，したがって固有の態様と
特質によって日本公共図書館ともいうべきわが国独自の公共
図書館の形成過程を主題とする」。明治維新から戦時中までの

形成経緯に関して「その設置体としての地方自治制度の充実，読者層形成の基礎としての義務教育の普及，および出版・ジャーナリズムの発達などの条件成熟を俟たねばならず，これらは資本制生産様式の発達段階に拘束される」ものだという。そして資本主義の発達にともなう社会状況の変化に対処する国の諸政策は，生き生きとした公共図書館形成の可能性を歪め，その普及発達を制約していったと述べ，その制約となった教育政策には次のような特徴があったとした。

・わが国の教育制度は，欧米先進国のそれが地方分権と自由主義を基礎とするのに対して中央集権と国家主義を根幹として，国是に順応する国民の育成を目的とする。
・日露戦争後の社会運動に対して政府は教化対策をいっそう進め，図書館は内務省の地方改良運動と文部省の通俗教育=社会教育振興策の体系に組みこまれた。
・各地方自治体とも学校教育費が歳出に高率をしめ負担であったため，政府は積極的に図書館設立を促進することを避けて地方自治体の任意に委ねた。

このような制度を前提として，公共図書館の形成過程は，設立の契機，住民の図書館運動，設立後の運営が日本独特の特殊な様相を呈しながら，都市と農村，地域ごとの社会構成の差異を反映したものとなったというのである。国民教化に役立つ通俗図書館が町村にまで普及するものの，都市と農村，地域ごとの社会構成の差異を反映して公共図書館はつくられてきた。一

181

方永末は「国民教化のきびしい枷をはめられながらも図書館は住民の教育にたいする願望と読書意欲を反映するものであり，自由民権運動いらいの民主的伝統は時と所を変えながら地下水のように涸れずにあったこともしることができる」ともいう。なお，永末は，「主体の形成」という担い手の問題を図書館運動における住民という主体と，図書館自らが運営の主体性を確保することの両方に用いている。このような主体性が公共図書館形成の重要な要件でありながら，戦時中までわが国の公共図書館形成に欠落していると指摘した。永末の基盤となる問題意識と考えられる。

3.2.2　主要な論点　－第1章～第6章

　序で示された問題意識は，第1章以下で，公共図書館成立の日本固有の態様と特質として詳しく論じられていく。そのなかで重要と思われる論点として，ここでは「通俗教育と図書館」，「町村図書館と府県立図書館」について取り上げる。また，彼の問題を論じる姿勢には，細部が全体を構成するという信念ともいうべきものが見られ，地域の状況をつぶさに観察することにより，社会全体の動向を把握しているようである。

① 通俗教育と図書館

　永末は明治20年代最も注目すべきは「普通図書館＝通俗図書館の形成」であるとする。通俗教育とは「国民道徳ヲ涵養シ健全ナル思想常識ヲ養成」するため「学校教育ノ施設以外ニ於テ国民一般ニ対シ通俗平易ノ方法ニ依リ教育ヲ行フモノ」つま

り社会教育である。(通俗)図書館は最も有力な通俗教育の機関と規定され、国の図書館政策により普及が進められていく。

その通俗図書館設置を奨励する文書が『図書館ノ施設ニ関スル訓令』(『小松原訓令』1910 年)であり、地方官僚に通俗図書館を認識させ、道府県ごとに施策を講じさせる契機となったという。2 年遅れて図書館専門職を対象とした文部省編『図書館管理法　改訂版』(1912 年)が出された。図書選択に関して、小松原訓令では「健全有益ノ図書ヲ選択スルコト最肝要」としているが、『図書館管理法　改訂版』では、「社会ヲ改良スルノ目的」を排し地域住民の希望と地域社会の客観的な必要性を的確に把握して充足することとして、見解が異なることが知られている [12]。小松原訓令は文部大臣小松原英太郎によって発せられたが、実は東京図書館長の田中稲城の起草によることが明らかになっており、そして『図書館管理法　改訂版』を著したのも田中である。

永末は、LA(英国図書館協会)の大会で論争になっていた小説の割合の高さについて肯定的な決議が行われたことなど海外の状況を知ることによって利用者の希望に沿うのを第一義とする公共図書館のあり方を理解し、小説に偏見のあった田中が肯定に「転向」したのだと推測している。つまり、少数の図書館専門職には英国から摂取した図書選択の原則が示された。しかし小松原訓令のほうが教育行政上の重い意義をもち、国民教化のための図書選択を重視する方針を文部省は変えることはなかった。永末は、小松原訓令のいう「「健全有益ノ図書ヲ選択スルコト最肝要」はわが国固有の政治的状況と教育政策に

よって生じた歪曲である」と断じ、この時期から文部省と専門職集団、政策と図書館運動の微妙な乖離を生じてくると指摘している。（第2章、第3章）

永末はまた、第5章で「明治時代をつうじてみられた先進国からの理念と技術手段を摂取しようとした意欲は減退してしまった。（略）図書館界はツールの和風化、翻案に傾斜し、職人芸的な整理偏重傾向を生じた」と述べている。彼の「主体の形成」からみれば、公共図書館理念における図書館専門職の主体性は小松原訓令後にますます希薄になっていくことになった。

② 町村図書館と府県立図書館

わが国の公共図書館は、都市施設を代表する道府県立図書館と町村図書館が併存して設立された。公共図書館生成過程はこのような二重化構造として把握される。永末はこれまで図書館史で簡素にしか叙述されてこなかった町村図書館について「戦前におけるわが国の図書館の普及過程と、その構造的特質は町村図書館の分析を基底とすべき」であるとし、多くのページ数をあてている。

数度の大合併を経た現在の状況は大きく異なるので、地方公共団体数の推移を示す（表1）。市町村制施行（1889）年から戦時中まで、地方公共団体は町村が断然に多く、図書館令公布後、増加した図書館は町村におかれた図書館が圧倒的比重を占めた。永末は、公私立の別は意味がないとし、それらの町村図書館を、郡立図書館、教育会図書館、青年会（団）図書館、個人経営図書館、町村立図書館に類別し構造的に把握分析する方

表 1　地方公共団体数の推移

年	府県	市	町	村
1988（明治 21）年	46	－		71,314
1889（明治 22）年	46	39		15,820
1922（大正 11）年	46	91	1,242	10,982
1945（昭和 20）年	46	205	1,797	8,518
2022（令和 4）年	47	792	743	183

総務省「市町村数の変遷と明治・昭和の大合併の特徴」
＜https://www.soumu.go.jp/gapei/gapei2.html＞より作成

法をとっている。明治 30 年代〜40 年代，多くは教育会・青年会など団体が設立した図書館である。明治末・大正初期の図書館は住民や団体の何らかの自発的な要望があって設置されてきたのに対し，大正中期以降は各県の図書館設置奨励策や行政指導によって設置されるようになった。図書館数は増えても，運営しているとはいえず形骸化したものが多かったようである。また町村図書館の多くは小学校に附設されたが，「館界には意図的に学校教育から分離しようとする問題意識は希薄」で，大正末年より図書室，児童文庫の設置で「学校図書館の萌芽がみられ，学校を基盤に二種類の図書館が併存するようになった」という。（第 4 章，第 5 章）

　他方，京都府立京都図書館を嚆矢に府県立図書館は明治 30 〜40 年代に創設された。永末は次のように指摘する。県立図

書館の設立過程は必ずしも市町村図書館より先行したわけではなく，普及率も高かったわけではない。しかし，県立図書館は地方における公共図書館のモデルとなり，県内図書館の中枢センターとなるべき意義を負っており，独立施設，専任館長・職員，恒常的図書館費が確保され，学校教育に対する相対的な独立性を得る契機となった。ところが第一次世界大戦後の不況で地方財政規模が伸び悩み図書館費は削減がつづき県立図書館の成長は停滞する。府県立図書館長たちは権力の支持と法による強制により状況を克服しようとする図書館法改正の答申をとりまとめた。永末は，地方にあってわが国の図書館近代化を先導した山口県立図書館長の佐野友三郎の業績を評価する一方，このような大府県立図書館長の権威主義や図書館全体の状況認識の欠如に対して一貫して辛らつに批判している。（第2章，第5章）

戦時下，教育費は軍事訓練にあてられ，経営困難のため閉鎖を余儀なくされる図書館が続々現われた。県立図書館では次々に軍需工場，軍事施設に徴用されて館内閲覧も中止や縮小に追い込まれた。1945年多くの図書館が灰燼に帰したが，なかでも甚だしかったのが村立・私立図書館だった。永末は本書の末尾を「大図書館より簡易な小図書館の設置を奨励してきた戦前図書館政策の皮肉な結末であり，中央図書館制度，図書群，法規再改正による図書館網の設置が実体から遊離したフィクションにすぎなかったことを証明してあまりある」と結んでいる。国の政策によって設置された町村図書館の多くは図書館とし

ての実体がともなわず，法改正を求めた府県立図書館の権威主
義は，図書館の現実とは大きくかけ離れていたというのである。

　なお本書で永末は「アメリカ・イギリスにおいて公共図書館
がまず都市において形成されたように，都市こそ公共図書館の
母胎である」と，都市における図書館設立の契機と設立形態に
ついて詳述している。彼の戦後は市立図書館の時代という認識
につながるものと思われる。

③ 細部が全体を構成する　－地域からの視点

　本書では日本の公共図書館形成過程が社会の動向や国の諸
政策との関連で把握されている。まずは各地域・個別図書館が
どのように影響を受けて設立・運営され，成長し，停滞してい
ったのかの細部を描くことによって，全体の構成を描いている。

　例えば，地域史家でもあった永末は，日本の社会教育が軍事
教育に傾いていくときに，『田川市史』[13] から福岡県田川郡金
川村と伊田町に社会教育がどのように国家主義と結びつき統
制されていったかの実例を示す（田川市史編纂事務局長を兼ね
ていたので，市史のこの部分は永末が書いていたと推測でき
る）。離農離村がすすみ，被差別部落の闘争など，村民の生活
窮乏は深まり階層的な対立が激化していった金川村に設置さ
れたのは住民教化の理念モデル「全村学校」だった。当初，全
村学校は社会教育活動と経済活動の調和が協調されていたが，
昭和恐慌で極度に疲弊した農村に実施された「農山経済再生運
動」では住民統制機能が強められた。伊田町に結成された「報
徳会」はその下に「全町学校」と「経済再生運動」が結合され，

「更生綱領」は戦時体制下の翼賛運動の綱領とみまがうものだった。

　このようにファシズム化に急傾斜する国の政策は社会教育に及んだ。思想善導の教化対策が文部省主管で推進され、「教化総動員」運動がはじまったのである。文部次官名で通牒を発し、教化機関を各市町村に設置して運動の精神を拡充するよう指示した。県はその国の指示によって各市町村に対して教化機関の設置を督励・指導し、町村はそれぞれ置かれた状況のなかで受け入れて統制されていった。永末は国の政策を論じながら、細部のそれぞれの地域社会の現実を積み重ねることで、社会背景を含めた日本公共図書館全体の形成過程を叙述している。

3.3　戦後日本の公共図書館の形成

　北九州市立図書館で同僚だった轟良子によれば、永末は「戦後編を書きたい」[14]と言っていたという。残念ながらそれは実現しなかったが、『近代日本図書館の歩み　本篇』[15]で昭和後期の公共図書館の執筆を担当している。そこで次のように書いている。「1950年の図書館法公布時の図書館数は1548館を数えたが、3年後には786館に減少した。社会教育法の施行で町村の簡易図書館は公民館図書部へ転化し、公共図書館の前期的な形態が消滅したことによるものである。しかし市立図書館は終戦後の164館から256館に増加し、その後も着実に増加をつづけていった。図書館法の公布は、市立図書館が公共図書館の中核となる時代の開幕でもあった」。つまり、戦前の古い形

188

態の通俗図書館は消滅し，新たに制定された図書館法の下で，市立図書館が活動の中核を担っていくことになったというのである。

　占領政治のいわば落し子といえる図書館法に不満をもつ都道府県立図書館長たち館界の主流は，早くも 1952 年に法改正運動の提起をした。提示された中央図書館制度と入館料の除外規定（有料を認める）をめぐって，市立図書館側は反対意見を表明した。永末は「市立図書館は図書館サービスの実践で市民の期待を肌でうけとめ，新しい図書館のあり方を肯定し，しだいに主体的な力量をつけていた」16) と法改正の反動的意図に抵抗した市立図書館側を高く評価している。

　そして，戦後期公共図書館の代表として取り上げているのが高知市民図書館である。永末は「市立図書館の主体性形成」17) 18) というタイトルで高知市民図書館の意義について詳細な論考を発表した。高知市民図書館は，1949 年の開館以来 2 台の自動車文庫による館外活動と読書会，研究会，討論会，教養講座，映写会，展示会等，多様で頻度の高い集会活動を開催し，市民との結びつきを急激に拡大した図書館である。25 歳で図書館長に任命された渡辺進は，「図書館事業が不振になる原因の 1 つは職員の沈滞にある。そしてその沈滞は職員の社会からの絶縁から生まれる」と考え，その克服の方途を「集会活動を窓口にして社会の動きに生き生きとした接触を保つこと」に求めたのだという。

　これらの実績によって日本図書館協会の推薦をうけ，高知市民図書館は 1956 年に日本から唯一ユネスコ共同図書館事業

（Associated Library Project）[19] へ参加した。また独自の事業として出版事業 [20] を行い，地方史・地域研究を活発にしたことも特筆される。高知市民図書館は 1963 年にユネスコ協同図書館事業の主要目標だった年間利用者（来館者）数 50 万人を突破した。ところが，『日本の図書館 1963』から来館者数が調査項目から除外され（1963 年 3 月発表の所謂『中小レポート』では，受付にまつわる手続きや煩瑣な入館者数集計に時間をかけるのは悪い「シキタリ」で，「図書館は人を集めるのではなく，こちらから本を出すことに重点が置かれなければならない」[21] と提唱され，早速『日本の図書館』の編集に反映された），各図書館は来館者数をカウントしなくなった。登録者数，貸出冊数が主たる指標とされるようになり来館者数は図書館運営の評価指標でなくなったのだ。高知市民図書館の「サービス対象の拡大」はピークを極めた時点で無意味化する皮肉な事態に直面しなければならなかったと永末はいう。やがてテレビが急速に普及するにつれ家庭・個人志向が強まると集会活動は停滞と衰弱に陥った。ただし，このような逆境にあっても高知市民図書館は，開館以来の蓄積と基盤を活用して図書館網の整備をすすめる傍ら，多角的な運営の方針を堅持して質的な充実をとげている。わが国の公共図書館における存在意義は，決して色褪せはしていないと永末は評価する。高知市民図書館は「公共図書館の制度は，なにより図書館人によって主体化されねばならず，図書館活動の実践によって実体化されるべきものである」と考える永末に，まさに活動実体をとおして公共図書館の具体像を示したのだといえよう。

190

今はまた，永末の言葉を借りれば，「皮肉なことに」貸出冊
数は減少に転じ，場としての図書館の役割が見直されたことか
ら，来館者数が指標として重要視されるようになった[22]。対面
であれリモートであれ図書館は競ってプログラム（集会・催し
もの活動）に取り組むようになってきている。永末が当時の集
会活動の停滞原因として挙げた，住民の新しいニーズを吸収し
きれなくなったことや方法論の限界という指摘は，現在でも十
分傾聴に値する。

4．筑豊社会・石炭産業史

4.1 筑豊社会と石炭産業に関する著作

新聞の訃報記事では生前の永末を次のように報じた。「83 年
に開館した田川市石炭資料館の生みの親で炭坑絵の山本作兵
衛を最初に見いだした。筑豊炭田の歴史を集大成した史料「筑
豊石炭砿業史年表」では編さんの先頭に立ち，代表を務めた「筑
豊炭田総合年表編纂委員会」に 70 年度朝日学術奨励金が贈ら
れた。77 年には，筑豊の炭鉱主を描いた「筑豊讃歌」を出版し
た」（朝日新聞（福岡）1995 年 3 月 7 日付）。永末の筑豊地域
の研究には図書館人としての基盤があることを思うと図書館
との関わりが出てこないのは物足りなく残念だが，地元福岡で
は筑豊の地域史家として知られていたということであろう。

図1 『筑豊 石炭の地域史』

図2 『筑豊讃歌』

永末の地域研究は図書館に仕事を得て，田川郷土研究会の創設とともにはじまったと思われる。筑豊地域史に関する最初の著書『筑豊　石炭の地域史』23）は1973年に刊行された。図書館長と市史編纂室事務局長を併任していた時期である。筑豊の石炭産業に関する資料を収集し，総合的に新聞・雑誌記事を整理・分析する作業のなかで報道や論評の視角が必ずしも実情に適合したものでないとの感じを否めなかったという。あとがきで「炭鉱によって生きてきた時代の記憶が歴史体験として生かされるには，文献上の知識と個々の体験の蓄積が結合されねばならない」と書いている。地域からでしか核心に迫れない事象を具体的で豊富な事実で提示して客観的な石炭鉱業の通史としてまとめた著作である。

続いて4年後の1977年に出版したのが『筑豊讃歌』24）だ。並外

れた活力と人間的魅力を備えた貝
島太助，安川敬一郎，麻生太吉の三
人の坑主の生涯が主題である。永末
は「石炭文献に接するたびに，筑豊
がただ皮相な事象によってとらえ
られるのに，違和感ともどかしさを
覚えてきた」「筑豊に生まれついた
者の視点から，歴史の再構成を試み
るために書いた」とまえがきで述べ
ている。

**図3 『筑豊万華　炭鉱
の社会史』**

　さらに 19 年後 1996 年に刊行さ
れた『筑豊万華　炭鉱の社会史』[25]
が最後の著書になった。筑豊独特の
「川筋気質」（きびきびした，潔い，
といった意味）を炭坑労働と生活の反映と把握することによっ
て，炭坑世界に固有の生活様式，行動様式を明らかにし，炭坑
に生きた人々の心意を探る物語である。絶筆となった本書は，
「あとがきにかえて」を執筆した雅子夫人により世に出された。
永末の研究の重要な基盤である資料整理は，彼の指示を受けて
図書館勤務の経験がある雅子夫人が担っていた [26]。裏で支え
続けた雅子夫人の貢献も見逃せない。蔵書約 6000 冊は田川市
立図書館に寄贈され「永末文庫」が開設された。

4.2 『筑豊石炭礦業史年表』刊行に果たした役割

　永末の重要な業績として『筑豊石炭礦業史年表』[27] が挙げられる。発行は田川郷土研究会で，編纂代表は秀村選三（九州大学），田中直樹（日本大学），永末十四雄の３名である。編集総記で編纂者らは年表の特徴として次の３点を挙げている。第１は郷土研究会をはじめ民間の地方史研究者と大学の経済史・産業史の研究者との共同研究であること，第２は筑豊地域を主たる対象とするがさらに筑豊地域を超えて広い視野から筑豊石炭礦業史を展望しようと努めたこと，第３は既存の年表が示す普通の常識にとらわれず未知の資料を発掘・調査・研究しつつ年表に組み込むように努めたこと，である。秀村は，民学協働の研究作業は「ただ義憤に燃えて筑豊地域のために，炭鉱のために，地底に眠る幾万の坑夫の弔いのためにと，しっかりした準備も組織もなく，ただ同志感のみで苦闘」し，中途半端で終わらせたくない田中ら研究者たちと終結を急がなければならない永末との間が幾度となく険悪になりながら，互いに乗り越えて７年の期間で編纂を終結させ年表を刊行させたという [28]。また「永末氏を思う時，彼は一貫して川筋男だったと思う。彼の育てた田川郷土研究会の人たちは素晴らしく，大変苦境の時にも全く不信，不満の声がなく，終始彼の指示に従って努力されたのは見事であった。永末氏への信頼と郷土愛があったからこそである」と述べている。

　なお『筑豊石炭礦業史年表』は現在，田川市立図書館の「筑豊・田川デジタルアーカイブ」[29] で読むことができる。

5. おわりに

　永末十四雄は生涯郷里を離れなかった人である。筑豊という
エネルギー革命に翻弄されて激しく変動した地に身をおいて,
社会の動きや大きな歴史の流れをみつめていた。図書館の実務
家として,炭鉱資料収集運動をはじめとする地域の情報センタ
ーとしての役割を果たすことに情熱を注ぎ,図書館学研究者と
して,日本の公共図書館特有の構造がどのように形成されたの
かを追究した。また地域史家として自ら地域の歴史を後世に伝
える著作や資料を残している。

　図書館は,地域の資料を書籍だけでなく,文書,地図,写真,
絵画など多様な媒体で収集してきた。それらは保存するだけで
なく利用に供するためにある。永末は,「資料として図書館に
保存されるというのではなくして,皆さま方のいろんな研究会
あるいはその他の活動に活かされ,更に後の人にこの資料が一
時代と一つの世界を具現化した文化財として伝えられること
を願う」30) と利活用されることを望んでいた。ユネスコ「世界
の記憶」プロジェクトでも,適切な技術で保存することととも
に,デジタル化しインターネットで利用できることや公平に出
版及び配布することなど,普遍的なアクセスを支援することが
目的とされている 31)。今,公共図書館の使命として,地域資料
の収集・提供や地域社会への貢献があらためて注目されている。
デジタル化の進む時代になって,私たちが永末の業績をとおし
て学ぶことはより明確になったといえる。

本稿執筆に際し，有益なご示唆とお力添えをいただいた永末温子氏，轟良子氏に感謝申し上げます。

　なお，文中敬称は略したこと，またそれぞれの参考文献にしたがったため「炭鉱」「炭坑」「鉱夫」「坑夫」，および「地域」「地方」「郷土」が混在することをお断りします。

【注・参考文献】

1) 世界的に重要な記録物への認識を高め，保存やアクセスを促進するために，ユネスコが 1992 年に開始したプロジェクトで，人類史において特に重要な記録物を登録する制度。登録の可否が審議される国際諮問委員会は，発足当初より国際図書館連盟（IFLA），国際公文書館会議（ICA）—など，図書館やアーカイブに関係する国際機関と協力関係にある。ベートーベン交響曲第 9 番の自筆譜，アンネ・フランクの日記，マグナ・カルタなど世界的に著名な文書が登録されている。日本で最初（2011 年）に「世界の記憶」に登録されたのが炭鉱夫であった山本作兵衛の炭鉱記録画・記録文書である。その後慶長遺欧使節関係資料，御堂関白記，東寺百合文書（いずれも国宝）等が続いている。

2) 山本作兵衛. 画文集　炭鉱（やま）に生きる：地の底の人生記録. 講談社，1978，214p.

3) 20 年の歩み. 田川市立図書館，1968，24p.

4) 前掲資料 3)，p.4-14.

5) 佐々木哲哉. 山本作兵衛と永末十四雄：ユネスコ世界記憶遺産認定山本作兵衛炭坑画. 海路：海からの視座で読み直す九州学 10.「海路」編集委員会，海鳥社（発売），2012，p.110.

6) 永末十四生. 絵巻に現われた炭坑の労働と生活. 西日本文化，1968，第 40 号，p.4-13.

7) 前掲資料 6)，p.1.

8) 山本作兵衛展　山本作兵衛コレクション　ユネスコ「世界の遺産」登録 10 周年記念. 東京富士美術館，2022，134p. 2022 年

2月11日から3月13日まで，東京富士美術館で「山本作兵衛展」が開催された。

9）石井敦. 永末十四生著作目録. 図書館文化史研究, 1996, No.13, p.21-23.

10）永末十四雄. 日本公共図書館の形成. 日本図書館協会, 1984, 352p.

11）岩猿敏生. 永末十四生君を悼む. 図書館文化史研究, 1996, No.13, p.15-19.

12）例えば『図書・図書館史』（JLA図書館情報学テキストシリーズ）では次のように説明している。『小松原訓令』は「健全有益ノ図書ヲ選択スルコト最肝要ナリ」とし, 国家主義的な教育観に基づく図書館思想の浸透を目指した。田中稲城によって執筆された『図書館管理法』（改訂版）は図書選択に際しては国民教化に盲従してはならない旨が記された。しかし『図書館管理法』の理念が政策実現に反映されることはなく, 小松原訓令に沿って政策展開がなされていくこととなった。

13）田川市史編纂委員会. 田川市史　中巻. 田川市, 1976, 1220p.

14）轟良子, 轟次雄. 海峡の風：北九州を彩った先人たち 続. 北九州市芸術文化振興財団, 2013, p.126.

15）日本図書館協会. 近代日本図書館の歩み　本篇：日本図書館協会創立百年記念. 日本図書館協会, 1993, p.253-264.

16）前掲資料 15), p.258.

17）永末十四雄. 市立図書館の主体性形成：戦後期公共図書館における高知市民図書館の意義（1）. 図書館界, 1991, Vol.42, No.6, p.320-334.

18) 永末十四雄. 市立図書館の主体性形成：戦後期公共図書館における高知市民図書館の意義（2）. 図書館界, 1991, Vol.43, No.1, p.24-37.

19) ユネスコが 1953-1954 年度に制定。趣旨は世界各地の先進的計画を立てて実施に努力している図書館が，ユネスコの指定図書館になって，ユネスコを通じて各自の経験を報告し合い，お互いに啓発し協同し合うというもの。ユネスコ国内委員会から日本の参加を勧告された日本図書館協会が高知市立市民図書館を選んだ。（有山崧著作集 1. p.98-107）

20) 地元の歴史家平尾道雄の成果を出版したのを端初に「市民新書」「しみん・しりーず」（市民向け生活問題）「市民叢書」（学術書）を有償頒布によって継続的に出版した。（前掲資料 17), p.331）

21) 中小都市における公共図書館の運営. 日本図書館協会, 1963, p.96 および p.178-180.

22) 2023 年 4 月にオープンデータとして公開された『日本の図書館』1996 年〜2017 年で確認すると，来館者数が調査項目とされるようになったのは 2003 年調査からであり，この時点で 4 割以上の公共図書館が来館者数を回答している。なお冊子版『日本の図書館』には来館者数は掲載されない。https://japanlibrary association.app.box.com/s/nmpekhc8rkjew30b8cgdgs2sm9fu5 289（参照 2023-04-17）

23) 永末十四雄. 筑豊：石炭の地域史. 日本放送出版協会, 1973, 248p.

24) 永末十四雄. 筑豊讃歌. 日本放送出版協会, 1977, 261p.

25) 永末十四雄. 筑豊万華：炭鉱の社会史. 三一書房, 1996, 239p.

26) 前掲資料 14)，p.126.

27) 筑豊石炭礦業史年表編纂委員会. 筑豊石炭礦業史年表. 田川郷
土研究会, 1973, 40, 671, 20p.

28) 秀村選三.『筑豊石炭礦業史年表』の編纂と永末十四雄. 九州
大学学術情報リポジトリ. https://doi.org/10.15017/1650894
（参照 2023-04-07）

29) 筑豊石炭礦業史年表. 筑豊・田川デジタルアーカイブ. https://
trc-adeac.trc.co.jp/Html/Home/4020605100/topg/chronology.
html（参照 2023-04-07）

30) 前掲資料 6)，p.13.

31) UNESCO. Memory of the World. https://webarchive.unesco.
org/web/20220315131131/https://en.unesco.org/programme/
mow（参照 2023-04-07）

コミュニティアセット
としての古典籍

増井　ゆう子

国文学研究資料館 古典籍共同研究事業センター
特任専門職員

・・・・・・・・・・・・・・・・・・・・・・・・・・・・・・・・

　公共図書館や博物館が地域の情報センターとして，様々なアセットの確保を行うことが求められるなかで，貴重なコミュニティアセットとなり得るものとして，その地域に長く存在してきた古典籍に注目する。

　まず古典籍の定義を述べ，続いて，近年古典籍書誌作成を少しでも容易にするために行われてきた目録規則の改訂や解説類の作成についても述べる。また参考にできるデータベースについて紹介する。

　地域に特有の古典籍として地方俳書の例をあげ，地域で作成あるいは出版された古典籍の重要性について考えるとともに，今後各々の機関で古典籍を取り扱う参考になるように，地域・機関の状況に合わせて，その地域の古典籍の再編・活用を始めている事例や新たに冊子体目録を作成した事例をあげた。

・・・・・・・・・・・・・・・・・・・・・・・・・・・・・・・・

1. はじめに

　公共図書館の役割について示された,「ユネスコ公共図書館宣言」(2022 年改訂)[1] を受け, 公共図書館や博物館が地域の情報センターとして, 地域における様々なアセットを確保し, それによってコミュニティを育んでいくための議論が今回のシンポジウム (未来の図書館研究所第 7 回シンポジウム「図書館とコミュニティアセット」) でなされた。

　現在, 地域資料として認識される対象は, かつての郷土資料のイメージをはるかに超える広がりをもっている。その中で貴重なコミュニティアセットとなり得るものの一つとして, その地域に長く存在してきた古典籍に注目したい。

2. コミュニティアセットとして考える古典籍

　地域の図書館・博物館等の公的機関・大学・寺社, あるいは私塾や医家・特殊文庫等の私的機関, また個人の家に古くから伝えられ, または新たに寄贈等により公的機関に所蔵されることとなった古典籍については, 貴重書やそれに準ずる資料として慎重に保管することは当然のことであるが, それだけではなく, 地域の歴史や文化を具体的に知ることのできる資料として,

改めてコミュニティアセットとしての価値を見いだし，地域の
人々に提供し，充分に活かしていくことが必要となっている。
　古典籍といえば，図書館の郷土資料室に文書類とともに保管
され，一般的にはあまりなじみのない資料群といえるかもしれ
ない。日常的な地域への貢献を中心に業務を行っている公共図
書館にあっては，なかなか時間をかけることのできないもので
あるとも考える。一方，その稀少性に着目し，また著作権の問
題をクリアしやすいことから早くからデジタル化の対象にな
ってもいる。なお文書類については，その地域に密着した資料
であることは知られていることから，研究の対象となりその成
果が地域に還元される場合も多い。

3．古典籍とは何か

　ここにいう古典籍とは，いわゆる和古書・漢籍のことであり，
『日本目録規則 1987 年版改訂三版』（以下『NCR1987 改訂 3
版』という）の用語解説では，次のように定義されている。
　和古書は「日本人の編著書で，日本文で書かれ，日本で，主
として江戸時代まで（1868 年以前）に書写・刊行された資料
をいう」とあり，漢籍については「中国人の編著書で，中国文
で書かれ，主として辛亥革命（1911 年）以前に著述，刊行され
た資料をいう。日本等で刊行されたものをも含む」と各々定義

されている。なお，明治期にかけて成立・書写・出版された書籍とともに所蔵されていることも多い。

　古典籍は現代の一般的な図書とは異なる特徴を持っており，保管・保存の問題とともに，書誌作成には困難な点が多い。その多くがくずし字により記載されていること，さらに記載されている内容も不安定であることなどから，まず，どこからどのように書誌データを採録するべきかなど，書誌作成者を悩ますところは多い。

4. 古典籍書誌作成の現在

　しかしながら，以前は書誌学関連の難解な書籍を読み解きながら行うことも多かった書誌の作成も，現在は和漢古書についての条項をもつ『NCR 1987 改訂 3 版』が完成し，各機関での安定した書誌作成が容易になった。その後『日本目録規則 2018年版』が刊行され，古典籍にも適用される著作典拠に関わる検討が進められた。また，国文学研究資料館では海外の機関とも連携し，日本の古典籍に関係する情報やノウハウの共有を目指した勉強・検討を行っている。長い歴史を持つ資料であるにも関わらず引き続き検討が続けられているのである。

　目録所在情報サービス（NACSIS-CAT）において「和漢古書に関する取扱い及び解説」と「コーディングマニュアル（和漢古書に関する抜粋集）」[2] に沿って作成されたデータや，国立

国会図書館 [3]，国文学研究資料館 [4] 等のデータベースからも多くの書誌や画像が公開されており，自館での書誌作成の参考になると考えられる。もちろん書誌学関連の図書も引き続き新たに出版されている。

　また，国文学研究資料館では「日本古典籍講習会」を国立国会図書館と共同で毎年開催している。図書館員等を対象として，書誌学の基礎的な専門知識や整理方法の技術修得をはかる研修である。当館の学術情報リポジトリ [5] の「教材」から，これまでのテキストが公開されているので参考になると考える。

5. 地域に存在する古典籍

　続いて，各々の地域に存在する古典籍の実状について考えたい。

5.1　存在するまでの経緯

　地域の古典籍は，長い間，その地域の大切な宝として保管されてきたものもあれば，近年，新たに寄贈あるいは寄託等により公的機関などの所蔵となったものもあるだろう。それらの中には，すでに充分な調査・研究が行われ，関連論文が執筆され，冊子体目録も完成して，それによるサービスを行っているものもある一方，大切にしまわれたままのものもあるかもしれない。

地域に存在する古典籍は，その地域で著述・編纂され，書写あるいは出版されたもので，藩の行政に関わる記録類や藩史等がまず思い浮かぶが，私的な文化的活動の結果である日記や俳諧等の文学作品も実は多い。その地域に根ざした，場合によってはその地域にしかない興味深い資料がいろいろ存在しているのである。

　一方で藩校・私塾等のような学問を提供する機関には，多くの関連書物が集められ教科書として使用され，そこで新たに生まれる著作もあった。また，藩主の家や重臣の家に集められ伝えられた資料も多い。さらに多くの古典籍が，特に（整）版本が主流となった頃から多く流通し，それを誰もが手に入れることができたと考えられる。作成・収集・流通により地方にも多くの古典籍が存在していたのである。江戸時代の活発な書物の流通については，『江戸時代の図書流通』（長友千代治著　思文閣出版　2002）（佛教大学鷹陵文化叢書；7）に詳細に述べられている。

　日本の古典籍の総合所在目録としては，『国書総目録』（全8巻，著者別索引1巻，森末義彰・市古貞次・堤精二編，岩波書店，昭和38〜51（1964〜1976）年刊　平成1〜3年補訂版刊）（以下『国書』という）が，最も基本的なものとされ，40万項目にも及ぶ江戸時代までの古典籍を収載している。この一つ一つの項目の多くに，同じものと考えられる諸本がまとめられており，さらに多くの古典籍が各地に存在していることを示している。巻末の「図書館・文庫一覧」を参照すると，この時点ですでに国会図書館・内閣文庫（国立公文書館）等の国の機関，

大学附属図書館，私立図書館・社寺・個人文庫等に加えて，実に多くの公共図書館（都道府県立・市立・町立）の名称が並んでいる。

5.2 『国書』未収載古典籍

『国書』の40万項目もの収載の対象となった書目について，凡例の二，には，「本目録に収載した書目は，国初から慶応三年までに日本人の著編撰訳した書籍に限った」とし詳しい説明が加えられるとともに，最後に，次のような条項が設けられている。「5. 近世の庶民史料は厖大な数に上るのみならず，未整理のものが多いので，割愛した場合が少なくない」とあるのである。この多くは，近世の文書類が占めると考えられるが，古典籍であっても該当するものは多く，たとえ地域では刊行されていても，『国書』には見当たらず，新出の資料となる可能性もあり得るのである。

なお，『国書』の刊行からすでに60年を経て，この未整理という状況は改善されていると考えられる。

国文学研究資料館により40年余をかけて，『国書』を継承・増補し作成されてきた「国書データベース」（旧「新日本古典籍総合データベース」）6)では，この各項目にあたる著作典拠ファイルの件数が，現在50万件を超えている。10万件もの新たな資料が加えられたことになる。

江戸時代までに成立した古典籍はその残存している総数が増えることはもはやないが，これまで表面に出ることのなかっ

た資料が，各所蔵機関の調査・書誌作成等の地道な努力により
目に触れるようになったためと推測できる。今後もこの流れを
続けられるようにと考えている。

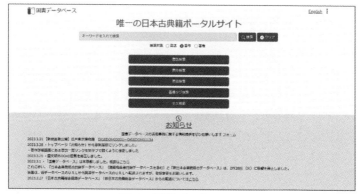

図1　国書データベース

6. 地域の古典籍の目録等の作成

　地域における古典籍には，その地域で生まれたもの，集めら
れたもの，流通しているものがあることは先述した。それら地
域特有の資料については，今後，さらなる調査・研究が求めら
れ，冊子体目録の作成あるいは電子化のデータとして公開され
ていくことや，さらに総合的なデータベースに編成されていく，
という過程が考えられる。

　以下，知りえた範囲ではあるがその試みの事例を紹介していきたい。少しでも多くの地域の古典籍が，貴重なコミュニティアセットとして見いだされ再編され，今後活用されることを期待している。

6.1　地方出版の古典籍

　『近世地方出版の研究』（朝倉治彦・大和博幸編　東京堂出版 1993）のあとがきには「江戸時代の出版は京都・大坂・江戸の三都を中心に行われていた」とある。その三都についてはこれまでも多くの研究がなされ，それに次いで出版量の多い名古屋についても別途研究が進捗しているとのことから，ここではそれ以外の地域の出版についての調査・研究を集めたと記されている。目次には，秋田・仙台・会津・常陸・越後・佐渡・伊勢・松坂・和歌山・安芸の地名が見える。多くの地域で独自に出版が行われ，その地域に現在もその古典籍が残存しているのである。

　このような，ある地域で発生し伝わり，その地域のかつての状況をよく物語る古典籍の一つとして，いわゆる地方俳書といわれる資料群がある。

　俳諧は一人の著者が作り上げるものではなく，複数の人々の句が集められ，その結果，地域の人と人とのつながり等，様々な状況が伝わるものである。俳書には，句とともに作成した人物の名前あるいは俳号・地域・所属等が記される。地域の人々からは，同じ地域の人物であればより興味を呼ぶであろう。し

かしそこにはさらに縁のある地域や俳諧の中心京都の俳人たちの名前があり，俳人たちの地域を越えたつながりもみえるなど，研究の対象としても注目されている。

　例としてあげるのは，江戸時代初めから北前船の港町として栄え，廻船問屋や土蔵の建物が今も残る，富山岩瀬浜（現・富山市東岩瀬）で行われた俳諧の資料である。この資料群は，平成 23 年度富山県大学連携協議会公開講座での「江戸後期の岩瀬俳壇の隆盛とネットワーク」と題した講演で，「岩瀬の俳人の作った俳句の本（俳書）」として『八重すさひ』を取り上げて紹介された [7]。この古典籍は版本であり，『国書』にも収載されるがその所在は，やはり富山の機関を中心としていた。なお，講演者大西氏所蔵の「古俳書」「漢籍」「連歌書」580 点は，令和 4 年に富山県立図書館に寄贈されており，引き続き当地で保存されることとなった。

　このような地方俳書について，『俳文学大辞典』（尾形仂ほか編　角川書店　1995）の「刊行のことば」に，地方俳書に関わる，「地方俳壇や荷担者層に照明を当て，中央と地方との文化的交流に注目すること，俳文学の大きな特色は日本の風土に根ざし，広く各地方，各階層の人々に親しまれつつ，国民詩として展開をとげてきた点にある」との記載がある。

　俳諧と地域の文化に着目した研究は現在も進められており，その一部は成果が，『鳳朗と一茶，その時代 ： 近世後期俳諧と地域文化』（金田房子・玉城司編　新典社　2021）（新典社選書；100）にまとめられている。「日本の各地をつなぐ俳人達のネットワークの広がりが見える」との記述があり，新たな地方の俳

書を発掘しその価値の調査を行うことや，人々の活発な文化交流をさぐるという方向が示されている。俳諧研究の方向も変化している。

6.2 冊子体目録の刊行

さて，これらの地域の古典籍を公にしていく手段としては，作成者の作業負担は多いが，長らく冊子体目録が作成され利用されてきた。重要な大規模なコレクションが古くから所蔵されていたような場合には，すでに冊子体の目録が作成され，図書館の活動にも役立てられていることが考えられる。また大量の古典籍を所蔵する藩校や藩主の家のコレクションは，早い時期に公的機関や当地の大学に委ねられる場合も多く，目録の作成が進んだとも考えられる。

冊子体目録は一般的な図書の目録が電子化されたあとも，地域や資料群自体にあった内容で作成され，目録としてだけでなく，調査・研究結果をも収載するものとしての役割を果たしてきた。

しかし近年，以前のようには古文書を含む和漢の古典籍を対象とする冊子体の目録が作成されることが少なくなってきた。その少ない古典籍収載の冊子体目録について，毎年内容・作成の経緯等を確認してきているが，その数は明らかに減っている。書誌の電子化が進んだこと，他の業務量の問題などが原因となっているだろう。

しかし，その中でも，地域の特徴のある古典籍について，時間をかけてまとめたものがあり，ここにいくつかを簡単に紹介したい。

　地域の資料に特化した内容をもつものとしては，淡路人形浄瑠璃の人間国宝鶴澤友路の旧蔵資料を扱った『鶴澤友路旧蔵資料目録：南あわじ市淡路人形浄瑠璃資料館』（淡路人形協会編　淡路人形協会　2021），また，かつて川越にあった鏡山酒造の文書・記録類を含む資料についての『旧鏡山酒造竹内家文書目録』（川越市立博物館編　川越市立博物館　2019），神奈川県大山阿夫利神社の大山信仰に関わる所蔵資料をまとめた『相州大山を知る：神奈川県立図書館所蔵大山関係資料より』（神奈川県立図書館企画サービス部地域情報課編　神奈川県立図書館　2019）などがあげられる。

　また，藩校・藩主の家に伝わる資料の目録としては，『東奥義塾高等学校所蔵旧弘前藩古典籍調査集録：弘前大学地域未来創生センター藩校資料調査プロジェクト　第7集』（武井紀子監修・編集，弘前藩藩校資料調査プロジェクトチーム著　弘前大学人文社会科学部・弘前大学地域未来創生センター弘前藩藩校資料調査プロジェクトチーム　2021）や『南丹市立文化博物館蔵小出文庫和書目録』（南丹市立文化博物館編　南丹市立文化博物館　2010）等がある。

　新潟県燕市の私塾長善館の資料について作成された『長善館史料館所蔵資料目録』（長善館史料館所蔵資料調査会編　燕市教育委員会　2017）は目録の機能のみならず，資料の詳細説明・目録作成に向けての経緯・調査の過程についても記され，

私塾の建物を活かした史料館の運営を含む事業全体を知ることができるものとなっている[8]。

　なお、このような目録の作成に当たって、多くは地域に関わりのある文学・歴史等の研究者が携わる場合が多いが、大学のゼミナールの一環として学生とともに調査し作成した『小千谷市平成町大滝家所蔵和古書目録：小千谷文庫受託』（中央大学近世文学ゼミナール　2006）や、その図書館で和漢古書についての勉強会からスタートして作成された『亘理町立図書館和漢古書目録』（亘理町立図書館編　亘理町立図書館　2014）もあり、その手法等参考になるものである。

6.3　津軽デジタル風土記

　地域の古典籍を含む資料を見直し、デジタル化を行い、再編してデータベースを作成するとともに、一般への発信や研究に役立てていくという試みのひとつを紹介する。

　国文学研究資料館の「日本語の歴史的典籍の国際共同研究ネットワーク構築計画」[9] の文献観光資源学の一環として作成された「津軽デジタル風土記」[10] である。国文学研究資料館のほか、弘前大学・弘前市教育委員会（弘前市立弘前図書館・弘前市立博物館）・青森県立郷土館の共同研究としておこなわれたものである。

　このプロジェクトの概要には「従来紙媒体で限られていた場所（研究機関・博物館・大学等）に集中していた地域資料、すなわち古典籍や古文書・絵図などの歴史資料、さらには固定的

な碑文などもデジタル化しアクセスを容易にするとともに，紙媒体と併用することによって再資源化していこうというもの」と述べられ，「津軽地域の歴史的資料の画像と情報をデジタル空間において体系的に連結し，新たな津軽の地域的価値，魅力を創造し，発信していこうとするもの」として作成された。

なお，「本州最北端の風土記」をコンセプトにさらに詳細なテーマが設定され，そのもとに多くの資料から，一般市民が興味をもてるような，また視点によって様々な発見が出てきそうな資料を重要な観点として選定している。

所蔵・種類・作品名別に検索できるデータベースのほか，ねぷた見送り絵と江戸後期絵本との関連をまとめた「ねぷた絵」や「学生の活動」として地域の名所の双六（すごろく）の翻刻に関わるページも用意される。今後これをどのように有効に活用していくかが重要である。

7. 国文学研究資料館の書誌作成

最後に，国文学研究資料館の書誌作成の方針について改めて述べておきたい。これらは古典籍の書誌作成において重要な点であるが，各機関の状況に合わせて可能な限り取り入れていただけることを願っている。

7.1 書誌作成の単位

　古典籍の書誌作成については，まず作成の単位に留意しなくてはならない。古典籍には写本・版本の別があり，諸本に占める写本の割合は高い。写本は同じ内容の資料であってもまったく同じものは存在せず，版本についても同じ版・刷りのものであっても，長く伝来する間に装丁や冊数，大きさ等様々な改変が行われたり，書き入れ・蔵書印が加えられたりする可能性もある。同版ごとに書誌記述を共有できる現代の資料とは異なることから，個別資料（個々の，書誌的に他と区別されるひとまとまりの資料）ごとに書誌データを作成するのである。『NCR1987 改訂 3 版』でも，2.0.2.1C に「和古書，漢籍については，個別資料ごとに別の記述を作成する。」との条項が設けられている。

　もう一つは，著作単位を意識することである。資料は，資料としての成立に関わる面と著作を具現化している面とを併せ持ち，その資料としての実態を，資料上に出現する著作に対応する単位ごとにとらえ，書誌データを作成している。内容を適確に判断し，複数の著作に対応する部分がある場合は，その点についても十分に言及する必要がある。多くの古典籍は全体が 1 件の著作に対応する単位で成立しているが，複数の作品を含む場合があり，それは利用者にとっても知りたい内容であると考えられる。一つの資料の中に複数の著作に対応する部分がある場合は，全体に対応するデータに加え，その部分ごとのデータを作成している。また，その著作間の関係を書誌の構造とし

てとらえ，その種別を表示して，叢書・合写・合刻・合綴階層の構造として表現している。

7.2 著作・著者の典拠コントロール

　古典籍に現れる書名や著者名の記述は，そのままでは作品の判断には不十分な場合も少なくない。資料には何も記されていないこともある。そのため，国文学研究資料館ではすべての書誌データについて，書名・内容等を判断し，該当する著作データに確実にリンクさせ，他の諸本との集中を図っている。同じ内容をもつ資料であっても，その資料や版により異なる書名をもつ場合や，一つの資料の中に複数の異なる書名が存在する場合もあるからである。すべての著作データはその著者の典拠データとリンクし，同一著者の執筆作品を集中させている。

　著者についても同様に典拠コントロールを行っている。一人の人物が複数の名称を持ち，著作のジャンル・執筆時期により使い分けている場合は多い。それらの名称を人物ごとに整理し，その人物が著した著作をとりまとめ，別称からも検索できるようにしている。

　なお，『国書』から入力した著作典拠ファイルは新たな資料の出現でその件数が増加していることを述べたが，『国書総目録著者別索引』から入力した著者についても約 5 万 8000 件に新規作成の約 1 万 6000 件を加えた全体の件数は現在約 7 万4000 件となっている。

8. おわりに

　地域の古典籍を，貴重なコミュニティアセットとして再編・活用を始めている事例，あるいはそのはじめの段階として整理を進め目録作成を行っているような事例をいくつかあげた。また，国文学研究資料館で行っている古典籍の書誌作成の基本的な方針についても最後に改めて説明した。

　これらが，各々の地域・機関の状況に合わせて，地域の古典籍の再編・活用を考える参考になればよいと考えている。

（付記）コミュニティの古資料には，古典籍だけでなく文書・記録類もあり，所蔵機関で必ずしもそれらが別々に保存されているわけではない。「はじめに」で述べたように，ここでは，古典籍に範囲を限定して新たな動きを紹介している。したがって，地域資料のうち，そうした文書・記録類はもちろんコミュニティアセットであり，しかるべく扱っていただきたい。

【注・参考文献】

1) 永田治樹. ユネスコ公共図書館宣言 2022（仮訳）および解説. https://www.miraitosyokan.jp/future_lib/lib_compass/no6/（accessed 2023-03-31）

2) 「和漢古書に関する取扱い及び解説」(2003.6.12/2011.12.9 一部改訂). https://contents.nii.ac.jp/ sites/Default/files/catill/2022-08/wakan_toriatsukai.pdf（accessed 2023-03-31）
「コーディングマニュアル（和漢古書に関する抜粋集）」(2003.6.12). https://contents.nii.ac.jp/sites/default/files/catill/2022-08/wakan_cm.pdf（accessed 2023-03-31）

3) 国立国会図書館ホームページ. https://www.ndl.go.jp/（accessed 2023-03-31）

4) 国文学研究資料館. https://www.nijl.ac.jp/（accessed 2023-03-31）

5) 国文学研究資料館学術情報リポジトリ. https://kokubunken.repo.nii.ac.jp/（accessed 2023-03-31）
「教材」＞「日本古典籍講習会テキスト」にはこれまでのテキストが公開される。さらに「国文学研究資料館における和古書目録の作成」に参考資料一覧があり書誌学関連の書籍が示されている。

6) 「国書データベース」＜https://kokusho.nijl.ac.jp＞は下記のとおり。
これまでの「日本古典籍総合目録データベース」「新日本古典籍総合データベース」を統合し，2023 年 4 月より稼働。

7) 「江戸後期の岩瀬俳壇の隆盛とネットワーク」（平成 23 年 9 月 10 日（土）開催，講師 富山短期大学教授 大西紀夫氏）．http://www.nihonkaigaku.org/library/university/09102-2.pdf （accessed 2023-03-31）

8) 燕市長善館史料館．https://www.city.tsubame.niigata.jp/soshiki/kyoiku/3/12/tyouzennkann/index.html （accessed 2023-03-31）

9) 国文学研究資料館．日本語の歴史的典籍の国際共同研究ネットワーク構築計画．https://www.nijl.ac.jp/pages/cijproject/ （accessed 2023-03-31）

10) 津軽デジタル風土記．https://tsugaru-fudoki.jp/ （accessed 2023-03-31）

あとがき

　まえがきで取り上げた坂本龍一さんが，本書の編集にあたっているうちに，逝ってしまった。神宮外苑再開発に対する彼の言葉は，死の1か月前だった。ご冥福をお祈りするとともに，彼が次世代に託した思いを，関わりをもつコミュニティの一員としてつないでいければよいと思う。

　図書館では，「コミュニティ」がさまざまな場面で取り上げられる論点である。常套語といってもいい。今回のシンポジウムでの発言や論考からみえるのは，それぞれコミュニティを見据えていること，そしてその結果，図書館の活動が明らかに高められていることである。逆にそうしていない場合，社会機関でありながらそのサービスが停滞してしまうのも事実だろう。コミュニティ，人々への公平（エクイティ）な目配りは不可欠だ。

　末尾ではあるが，お忙しいなかご講演・執筆に協力いただいた，井上康志さん，藤山由香利さん，後藤真さん，青木みどりさん，森嶋厚行さん，磯部ゆき江さん，増井ゆう子さんには，改めて謝意を表したい。また，種々ご尽力をいただいた樹村房の大塚栄一さんに感謝を申し上げたい。

図書館とコミュニティアセット

未来の図書館 研究所 調査・研究レポート 2022 （第6号）
ISSN 2433-2151

2023年5月30日　第1版1刷発行

編集　株式会社 未来の図書館 研究所

　　　　　発行　株式会社 未来の図書館 研究所
　　　　　　　113-0033　東京都文京区本郷4-9-25　2階
　　　　　　　TEL 03-6673-7287　FAX 03-6772-4395
　　　　　　　https://www.miraitosyokan.jp/

　　　　　発売　株式会社 樹村房
　　　　　　　112-0002　東京都文京区小石川5-11-7
　　　　　　　TEL 03-3868-7321　FAX 03-6801-5202
　　　　　　　https://www.jusonbo.co.jp/

　　　　　印刷　株式会社 丸井工文社

未来の図書館 研究所 調査・研究レポート
バックナンバーのご案内

❶ 未来の図書館 研究所 調査・研究レポート 2017（Vol.1）

■第1回シンポジウム記録「図書館のゆくえ：今をとらえ，未来につなげる」
■「アクセス解析に基づく公共図書館活動の把握」（牧野雄二）■「公共図書
館の利用圏に関する研究の発展」（戸田あきら）■「図書館の未来を議論する」
（永田治樹）

❷ 未来の図書館 研究所 調査・研究レポート 2018（Vol.2）

■第2回シンポジウム記録「図書館とソーシャルイノベーション」■ワーク
ショップ「図書館員の未来準備」の概要■「つながりっぱなしの日常に，『図
書館』をいかに埋め込むか」（常川真央）■「『Webを活用した図書館サービ
ス』を考える」（川嶋斉）

❸ 未来の図書館 研究所 調査・研究レポート 2019（Vol.3）

■第3回シンポジウム記録「図書館とサステナビリティ」■第3回ワークショ
ップ「図書館員の未来準備」報告■「日本語の歴史的典籍のアーカイブ構
築と活用」（増井ゆう子）■「デジタル世界にいまなにが起きているのか」（宇
陀則彦）

❹ 未来の図書館 研究所 調査・研究レポート 2020（Vol.4）

■第4回シンポジウム記録「図書館とランドスケープ」■第5回シンポジウ
ム記録「図書館とレジリエンス」■ワークショップ「図書館員の未来準備」
講演レポート「『ツナガル。』から生まれる図書館の可能性」（豊山希巳江）

A4判／並製　　定価2,000円＋税
PDF版を未来の図書館 研究所Webサイトにて公開しております。

---

❶〜❹について冊子体をご希望の方は，以下の連絡先までお問合せください。
株式会社 未来の図書館 研究所
113-0033　東京都文京区本郷4-9-25　2階
✉info@miraitosyokan.jp　TEL 03-6673-7287　FAX 03-6772-4395
https://www.miraitosyokan.jp/

❺ 図書館とポスト真実（未来の図書館 研究所 調査・研究レポート 2021）（Vol.5）

2017年より定期刊行物として発行していた「未来の図書館 研究所 調査・研究レポート」を，新たに書籍としてシリーズ化。

B6判182頁／2022年5月12日刊行／ISBN978-4-88367-366-7／定価（本体2,000円＋税）

---

❺のご購入についてのお問合せは，下記までお願いいたします。

発売　株式会社 樹村房
112-0002　東京都文京区小石川5-11-7
TEL 03-3868-7321　FAX 03-6801-5202
https://www.jusonbo.co.jp/